DESPERTE
O LÍDER QUE HÁ EM VOCÊ

Copyright© 2019 by Literare Books International.
Todos os direitos desta edição são reservados
à Literare Books International.

Presidente:
Mauricio Sita

Direção e produção editorial:
Patrícia Gonçalves
(Cocriarte Produções)

Capa:
Gabriel Uchima

Diagramação:
Candido Ferreira Jr.

Revisão:
Camila Oliveira e Rodrigo Rainho

Diretora de projetos:
Gleide Santos

Diretora de operações:
Alessandra Ksenhuck

Diretora executiva:
Julyana Rosa

Relacionamento com o cliente:
Claudia Pires

Impressão:
Gráfica ANS

Dados Internacionais de Catalogação na Publicação (CIP)
(eDOC BRASIL, Belo Horizonte/MG)

M528d   Melo, Maria Helena de.
        Desperte o líder que há em você / Maria Helena de Melo. – São Paulo (SP): Literare Books International, 2019.
        16x23cm

        ISBN 978-85-9455-173-3

        1. Assessoria empresarial. 2. Liderança. 3. Sucesso nos negócios. I. Título.
                                                            CDD 658.3124

Elaborado por Maurício Amormino Júnior – CRB6/2422

Literare Books International Ltda.
Rua Antônio Augusto Covello, 472 – Vila Mariana – São Paulo, SP
CEP 01550-060
Fone/fax: (0**11) 2659-0968
site: www.literarebooks.com.br
e-mail: contato@literarebooks.com.br

DESPERTE

O LÍDER QUE HÁ EM VOCÊ

Prefácio

A partir da definição de liderança eficiente como aquele que desenvolve as habilidades e as qualidades morais que o capacitam a inspirar e influenciar um grupo de pessoas (James C. Hunter), a autora discorre sobre liderança no serviço público e é neste ponto que creio repousar a originalidade da obra.

O objetivo proposto na introdução do livro é o de retratar a evolução de uma liderança tradicional para uma liderança positiva, que seja capaz de ultrapassar paradigmas e transformar o ambiente de qualquer organização, especialmente no âmbito do setor público. Para atingir este objetivo, a autora foi levada a discutir a existência de líderes natos e líderes construídos a partir da experiência e esforço próprios, pendendo a escritora para a tese de que a liderança é uma habilidade de maestria resultante de um conjunto de habilidades e virtudes que podem ser cultivadas, de que liderança, com outras palavras, é algo que se aprende.

A partir da premissa, desenvolve suas ideias de forma fluida, passando pela necessidade de o ser humano, antes de pretender ou ser líder de outros, conhecer a si próprio e, sobretudo, liderar a si próprio. Como sugestão para se chegar ao conhecimento de si próprio, a autora propõe uma autorreflexão a respeito das virtudes que o leitor detém em maior ou menor grau dentre as seis intituladas pela autora de alicerces da liderança positiva, quais sejam: sabedoria, coragem, amor, justiça, moderação e transcendência.

Em seguida, trata dos desafios da liderança ao discorrer sobre a necessidade de o líder conhecer de forma muito clara o objetivo a ser atingido, conhecer as pessoas com quem trabalhará e enfrentará os desafios para se atingir o objetivo, saber planejar para se atingir o objetivo e, por fim, fazer a gestão dos resultados à medida da execução do plano escolhido. Cada um desses passos deve ser observado pelos líderes e sublíderes a fim de que se identifiquem eventuais vicissitudes não cogitadas quando da fase de planejamento e a fim de que se verifique, logo de início, se o caminho escolhido atende às expectativas iniciais.

Discorrendo com mais vagar a respeito da necessidade de conhecimento da meta a ser atingida, a autora enfatiza a importância de que o objetivo seja compreendido pelo líder e pelos colaboradores de forma mais completa possível em ordem a viabilizar a coparticipação de todos na compreensão do objetivo, na verificação dos recursos disponíveis e na proposição de alternativas de planejamento. Na leitura que faço, a autora propõe aqui o que Brown define como sintonia, assim entendida como a "a energia que existe entre pessoas quando elas se sentem vistas, ouvidas e valorizadas; quando podem dar e receber sem crítica; e quando retiram sustento e força do relacionamento" (Brené Brown, na *Arte da imperfeição*). E mais: tudo indica que adota a linha de pensamento de Daniel Goleman, exposta em seu livro *Inteligência social: o poder das relações humanas*, no qual este autor, ao estudar como as mais recentes descobertas em biologia e neurociência, afirma que "até mesmo nossos encontros mais rotineiros agem como reguladores no cérebro, ativando nossas emoções, algumas desejáveis, outras não. Quanto mais fortemente estamos conectados emocionalmente com alguém, maior a força mútua".

Quanto à necessidade de conhecer as pessoas, a autora pontua que cada líder deve conhecer as habilidades e as potencialidades dos seus liderados a fim de aproveitar aquelas e, se necessário, desenvolver estas, ou, nas palavras da autora, "é preciso saber escolher as pessoas certas para fazer as coisas certas, mesmo que isso lhe custe desenvolvê-las". Tudo isso deve ocorrer com o fim de otimizar a participação de todos em paralelo à evolução pessoal de cada um.

Quanto ao planejamento, esclarece a importância de todos participarem da elaboração das propostas de planejamento, sendo oportuno aqui novamente trazer suas palavras quando diz que os "gestores devem estimular, orientar e acompanhar a participação dos seus funcionários em todo o processo, bem como mantê-los bem informados para que possam desempenhar melhor suas tarefas cotidianas". Como etapa preparatória e antecedente à execução, o planejamento possibilita que o líder tenha conhecimento dos recursos disponíveis e das possíveis dificuldades a serem enfrentadas ante cada uma das propostas de execução cogitadas, e é este conhecimento que permite ao líder decidir o caminho mais curto e mais eficiente para atingir o objetivo proposto.

Por fim, a autora não descuidou da parte final do processo: a mensuração dos resultados ao longo da execução e ao final. Realça, no tópico, a importância da gestão de resultados, assim entendida como o acompanhamento da execução do planejamento estabelecido em paralelo com as expectativas projetadas, tudo a fim de verificar se há necessidade de serem adotadas medidas voltadas à consecução do objetivo.

Enfim, além do testemunho de vida pessoal da autora ao longo da obra, que bem serve de exemplo de aplicação das ideias que expõe, há ainda uma série de teses oriundas dos conhecimentos formais e acadêmicos de *coaching*, programação neurolinguística e de filosofia clínica dos quais a autora se apropriou ao longo dos anos. Esse conhecimento é composto de uma série de conceitos e de diretrizes de vanguarda explorados e aplicados na gestão empresarial privada e que, estou certo disso, podem e devem ser adaptados ao serviço público.

A obra de Maria Helena segue uma estrutura lógica de exposição e cada capítulo é um degrau para a inteligência do capítulo subsequente, conforme definições e conceitos anteriormente explicitados são utilizados nos capítulos seguintes, num encadeamento que exige do leitor comprometimento para conectar as definições e explicações. Além disso, o livro traz um pouco da história da autora e isso imprime um caráter pessoal à obra e dá ao leitor uma ideia do caminho seguido pela autora para ser capaz de expor as ideias da forma que expôs.

Deixo à autora meus parabéns pela obra e lhe agradeço a oportunidade de fazer este prefácio e de ter conhecido em primeira mão o conteúdo de um escrito que bem sintetiza o que, cotidianamente, vejo a autora pôr em prática.

Jacimon Santos da Silva
Leitor

Dedicatória

Dedico este livro a todos os servidores, líderes e gestores operacionais, táticos, estratégicos e alta gestão que, assim como eu, sonharam um dia contribuir para a efetividade do serviço público por meio de uma gestão e liderança diferente, baseada na felicidade, na humanidade, empatia e forças de virtudes. Aos que não perceberam que toda e qualquer mudança começa primeiramente em si mesmo, a partir da coragem de estabelecer um autoencontro consigo mesmo, por meio do autoconhecimento e do desenvolvimento de novas habilidades comportamentais. Aos que querem adquirir as habilidades necessárias para servir melhor, atuar de forma positiva, tendo como assinatura as forças de caráter/virtude para ser um líder e gestor de alta *performance* no serviço público. Aos servidores que querem ser protagonistas de sua própria história, este é um livro que indica um bom caminho para florescer.

Agradecimentos

Toda minha gratidão e minha vida são um eterno louvor a Deus – fluido cósmico universal, consciência criadora em amor incondicional, que está em tudo e que, de forma individualizada, está em cada um de nós (centelha divina). Sou grata à consciência crística de Jesus, caminho, verdade e vida, mestre maior, cujas lições são fontes inspiradoras da vida eterna.

Gratidão à minha mãe, ao meu pai (*in memoriam*), vidas que honro por terem permitido que eu viesse realizar o meu propósito e minha missão nesta nova jornada existencial, bem como aos meus irmãos e sobrinhos.

Meu imenso amor ao meu marido, José Elias Cavalcante, e aos meus maravilhosos filhos, Kelvyn e Erik, seres de luz que amo profundamente e com quem tanto aprendo e me motivam a cada dia buscar o meu melhor.

A eles dedico o meu amor, ternura e carinho, desejando que eles sejam a melhor versão de si mesmos, ousando sempre ir além. Agradeço a todos amigos e amigas que fizeram parte da minha jornada até aqui, especialmente às amigas Maria José Rabelo, Tetrazine Maria Chuichmam e Madalena Junqueira, que me apoiaram firmemente na minha evolução, ao MM. Juiz Federal Jacimon Santos da Silva, que confiou e me deu a oportunidade de trazer à tona minha potencialidade como profissional.

Agradeço a todos os mestres acadêmicos dos quais tive o prazer de absorver conhecimento em minha jornada. A José Roberto Marques, ao seu Instituto Brasileiro de Coaching - IBC, pela dedicação máxima e amor com que realiza seus cursos e treinamentos, juntamente com o corpo de treinadores e professores, que culminou com todas as formações que me dei de presente.

Em especial, agradeço ao professor e mestre Helder Kamei, que me apresentou a psicologia positiva e, a partir daí, fez nascer este projeto apaixonante que busquei e materializei em minha vida. À Patrícia Gonçalves, que me ajudou a transportar minhas ideias e ordenar o conteúdo para proporcionar a produção deste livro.

ÍNDICE

Introdução ——————————————— p.17
O mito da caverna e a relação com liderança positiva no serviço público.

Capítulo I ——————————————— p.23
Nascemos ou nos tornamos líderes?
A verdadeira essência da liderança.

Capítulo II ——————————————— p.37
Seja líder de si mesmo! O começo de tudo.

Capítulo III ——————————————— p.53
Forças de caráter e virtudes – Os alicerces da liderança positiva.

Capítulo IV ——————————————— p.81
Os desafios da liderança – Como superá-los de forma positiva!

Capítulo V _____ p.107

Gestão na era do conhecimento – Como lidar com as mudanças de uma nova cultura.

Capítulo VI _____ p.131

Capital humano otimizado – Como aproveitar o melhor de cada um, dentro de uma equipe.

Capítulo VII _____ p.147

Planejamento – Aplicação de boas práticas de gestão.

Capítulo VIII _____ p.157

Benefícios da liderança positiva – Resultados positivos.

Capítulo IX _____ p.165

Evolução contínua – Deixando nosso legado como líder.

Sobre a autora _____ p.183

Introdução

Quando comecei a escrever este livro, pensei em como eu poderia retratar a evolução de uma liderança tradicional para uma liderança positiva, que fosse capaz de ultrapassar paradigmas e transformar o ambiente de qualquer organização, mas em especial dentro da esfera do setor público, que é a que faz parte da minha história.

Queria algo que pudesse trazer à luz tantos líderes excelentes e que, de alguma forma, não usam todo o seu potencial, principalmente humano, por falta de um direcionamento que lhes possa abrir caminhos para uma nova forma de liderar.

Sobretudo, que use a felicidade, virtudes e forças de caráter como base ideológica da psicologia positiva, incluindo os conhecimentos da constelação familiar que inclusive já vem sendo utilizada nos tribunais pátrios como modelo de solução de conflitos, além de ser uma técnica maravilhosa de autoconhecimento, também auxilia nas questões organizacionais; o *coaching*, a Programação Neurolinguística e a Filosofia Clínica, que proporcionam o autoconhecimento, a mudança de *mindset* e o aumento de *performance*.

É esta habilidade da liderança positiva sistêmica e integrativa que quero levar ao maior número de pessoas, e ela começa em nós. É preciso sair da caverna que, muitas vezes, existe dentro de nós mesmos, e caminharmos em direção à luz, que produz esclarecimento sobre uma nova forma de liderar pessoas e gerir resultados.

O Mito da Caverna, também conhecido como Alegoria da Caverna, foi escrito por Platão, um dos maiores pensadores da nossa história. O Mito da Caverna traz um relato muito importante no contexto de sair da "escuridão", que representa a zona de conforto, os paradigmas, a ignorância, as crenças limitantes do ser humano e ir para a "luz", que é a descoberta de novas visões, novos mundos e novos conhecimentos.

Platão descreve que alguns homens, ele não dá a precisão de exatamente quantos, se encontravam aprisionados em uma caverna, desde a infância. Nesse lugar, eles estavam presos em correntes e não conseguiam se mover, ficando sempre no mesmo lugar por anos. Eles não viam as outras pessoas e nem a si mesmos, por causa da escuridão que havia naquele lugar. Além disso, eles não podiam ver a saída da caverna, pois estavam de costas para a entrada da mesma.

Tudo o que tinham ali era uma fogueira, que ficava abaixo da mureta que os separava e o fogo iluminava vagamente o interior sombrio daquele lugar. Diariamente, passavam do lado de fora homens, mulheres e animais que transportavam coisas em seus ombros, mas como a parede ocultava o corpo dos homens aprisionados, ninguém podia vê-los e as únicas coisas que os prisioneiros viam era a projeção das coisas que os homens passavam carregando devido ao efeito da luz na parede, ou seja, tudo que viam eram sombras desconhecidas e sem significado.

Certo dia, um desses homens, inconformado com aquela situação, conseguiu escapar e se deparou com uma nova realidade. Ele foi surpreendido pela luz da fogueira e pela luz do lado de fora da caverna e isso agrediu os seus olhos, deixando-o inicialmente cego, pois a luminosidade era desconhecida por ele. Além disso, ele sentia muitas dores pelo corpo, pois ficara aprisionado por anos, sem se mexer. Nesse momento, ele fica dividido entre a incredulidade e o deslumbramento. Esse homem, portanto, ao se deparar com essa situação, tem a opção de voltar para a caverna, ficando na sua zona de conforto ou seguir em frente, se esforçar e se habituar a uma nova realidade. E ele saiu, se permitiu vivenciar tudo aquilo que por anos lhe foi privado. Ele se habituou à luz e aos poucos voltou a enxergar, encontrou a felicidade, a liberdade.

Ele desejou em seu coração ficar longe da caverna a vida toda e lutaria para jamais retornar àquela situação. No entanto, lamentou ter deixado os outros companheiros naquele lugar e, por fim, tomou a difícil decisão de retornar à caverna para contar tudo a eles e convencê-los a sair daquele lugar também. Ao retornar à caverna e lhes contar o seu testemunho, os seus amigos prisioneiros começaram a zombar dele, não acreditaram em suas palavras, acharam que ele estava maluco e que tudo não passava de mentiras. Nesse momento, o homem poderia decidir se continuaria naquele lugar – mesmo que todos desacreditassem dele, para tentar convencê-los, conseguindo que alguns deles aderissem ao que ele estava falando – ou se sairia daquela caverna para sempre a fim de fazer novas descobertas. E tudo que ele tinha em suas mãos, naquele momento, dependia exclusivamente de suas escolhas.

Com o Mito da Caverna, Platão retrata que a resistência é um dos maiores medos e desafios da humanidade, pois esbarra na própria ignorância e no desconhecido, facetas essas que limitam a mudança. A aceitação da mudança é um processo individual que precisa de coragem, pois a nossa inércia e paralisia enquanto líderes afetam o coletivo, de forma sistêmica e na mesma proporção.

Assim como o prisioneiro que se libertou, as pessoas também podem ser confrontadas com novas experiências que ofereçam mais discernimento. O fato de passar a entender as coisas pode, no entanto, ser chocante no início e inibir suas atitudes para que continuem a buscar conhecimento.

Entretanto, esse "sair da caverna" é estar aberto a novas possibilidades pela busca de crescimento contínuo e trabalho individual. Tudo isso exige tempo, dedicação e autoconhecimento para trabalhar com as sombras internas. Também é preciso determinação diuturna, porque somos seres falíveis vivendo num planeta em que tudo está mudando muito rapidamente e, por isso mesmo, precisamos estar sempre atentos e nos atualizando.

Segundo a professora Lúcia Helena Galvão, "se não há avanço de consciência a vida nem começou". Conforme o nível de consciência, a liderança será parelha a esse nível. Precisamos nos desafiar a desapegar da *persona* para crescer cada vez mais, para nos educar como humanos que somos e procurar coisas boas para a humanidade.

No ambiente de trabalho, qual a contribuição disso tudo?

Sabedoria, serenidade e esperança para empreender novos aprendizados. Coragem e fé para superar os medos e vencer os desafios das mudanças.

Essa mudança de *mindset* requer humildade, substituição da vaidade e do ego pela suspensão de julgamentos, além do autorreconhecimento de que não sabemos tudo e que podemos ir além, pois estamos em constante evolução. Todos nós temos nossas limitações internas e externas, mas por meio da colaboração, compaixão, curiosidade e criatividade somos capazes de alterar a nossa forma de pensar, agir e termos resultados mais positivos em nossa forma de liderar a nós mesmos e os outros.

"A coisa mais indispensável a um homem é reconhecer o uso que deve fazer do próprio conhecimento."

(Platão)

Capítulo I

Nascemos líderes ou nos tornamos líderes?

Capítulo 1

Nascemos
líderes ou nos
tornamos
líderes?

Capítulo I

NASCEMOS LÍDERES OU NOS TORNAMOS LÍDERES?
A verdadeira essência da liderança.

Inicio este capítulo trazendo uma reflexão de uma dúvida muito comum quando tentamos definir a verdadeira liderança, como ela nasce e por que algumas dão excelentes resultados e outras não. O que faz um líder ser um líder com propósito? O que faz o líder conduzir o sucesso esperado por qualquer organização, seja ela pública, privada ou mista?

Essas perguntas ecoaram na minha mente quando eu tive a consciência de que tudo que fazia em minha vida era conduzido por gestos inconscientes de liderança. Era algo de que eu não poderia fugir, pois me evidenciava, mesmo que eu não estivesse em um cargo de gestão. E foi a partir daí que resolvi estudar as ciências do comportamento humano, como o *coaching*, a filosofia clínica, a linguagem ericksoniana, a programação neurolinguística, a psicologia positiva, constelações sistêmicas integrativas, entre outras, para me aprofundar e trazer as respostas que eu precisava.

A minha proposta aqui é trazer um pouco da minha experiência e de estudos concretos sobre o mundo da liderança, para que, de alguma forma, e se fizer sentido para você, ajude na compreensão do que vem a ser a verdadeira essência da liderança. É essa essência que nos ajuda a superar os desafios como líder de forma positiva e trazer a clareza dos nossos papéis dentro daquilo que nos propomos a fazer.

Se formos conceituar a liderança puramente como ela é, cada estudo falará sobre ela de diversas formas, porém, com o mesmo contexto e definições similares. Segundo Bergamini (2009), liderança é definida como capacidade de exercer influência sobre as pessoas ou, segundo Robbins (2002), de influenciar um grupo em direção ao alcance de objetivos. Quando o conceito é aplicado ao mundo corporativo, fica difícil distinguir entre líderes e chefes, uma vez que, desde 1911, toda a doutrina da administração científica (Taylor 1995, [1911]) reduziu a liderança ao exercício da chefia.

Estudos sobre a citada questão, realizados ao longo do século XX, possibilitaram a conclusão de que nem todo chefe é líder e nem todo líder exerce cargo de chefia (Robbins, 2005). O fato é que o mundo clama por liderança que faz a diferença, e isso é muito sério. Basta vermos o resultado de uma família, comunidade, igreja, organização, esportes, cidade, estado e, principalmente, países que possuem líderes totalmente fora do papel que foram chamados para exercer.

Há também os líderes que são chamados e fazem esse papel muito bem. Alguém precisa estar preparado para estar à frente e esse "alguém" precisa compreender as consequências negativas e positivas que ele gera sobre outras pessoas.

Na introdução do livro *Elementos essenciais da liderança – visão, influência, caráter*, Greg Ogden & Daniel Meyer trazem a reflexão de que "as empresas particulares e os órgãos públicos necessitam de líderes... Necessitamos de uma geração de líderes no âmbito público – pessoas que saibam discernir as prioridades de caráter nobre, que usem os princípios sábios e que tenham conhecimento e capacidade para dirigir os órgãos públicos, a fim de cumprirem cabalmente sua missão..." Mas, será que essas virtudes e forças de caráter podem ser desenvolvidas?

Você já ouviu dizer que alguém é líder porque nasce líder? Eu já escutei isso várias vezes, no entanto, preferi ir mais a fundo nesse assunto, para descobrir a verdadeira essência de um líder e poder dar um novo significado para essa visão, muitas vezes distorcida, quando a premissa são cargos e não pessoas. Mas, e você, acredita que nascemos líderes ou nos tornamos líderes?

Essa é uma pergunta que pode ter várias respostas, dependendo de quem for respondê-la. Para quem não assume um papel de liderança de forma efetiva ou nunca liderou, talvez a resposta seja diferente da resposta de um líder que esteja à frente de pessoas e precisa gerir resultados, engajar sua equipe em projetos dos mais simples aos mais desafiadores, administrar conflitos, influenciar e estabelecer conexões para o alcance de objetivos organizacionais. Essa resposta também pode ser diferente para profissionais que são colocados em postos de gestão sem ter a experiência de um líder, podendo sua liderança ser desenvolvida aos poucos, para o alcance dos resultados pretendidos ou ser um "fiasco", se não for o que a pessoa quer para a sua vida, pois nem sempre um cargo de liderança é que define um bom líder.

"Ser" ou "se tornar" um líder.

Antes de tentar descobrir se nascemos ou não com o perfil de liderança, é preciso entender quais são os principais comportamentos que uma pessoa precisa ter para ser ou se tornar um verdadeiro líder. Segundo a IBE Business Education, o líder tem cinco traços fundamentais, que são: energia positiva; capacidade de contagiar outras pessoas; firmeza e capacidade de liderar; e, finalmente, o talento e entusiasmo.

Esses, sem dúvidas, são traços que fazem a diferença em qualquer ambiente, entretanto, para exercê-los, é preciso ter vontade, se preparar e assumir a liderança como uma missão de vida e não apenas como uma promoção que se acaba de receber. Então, uma pessoa que nasce com todos esses traços pode ser considerada uma líder ou poderá desenvolver esses traços e se tornar uma líder? Nesse caso, a resposta cabe para ambos.

O *coaching* e a psicologia positiva vieram desmistificar essa questão do "líder inato" ao abrir caminho para uma filosofia de liderança inovadora, embasada em teorias, filosofias de todos os tempos, ciência e ferramentas como recursos de desenvolvimento pessoal e profissional.

Podemos nascer com a predisposição para a liderança, o que chamamos também de "dom", mas só é possível percebê-la com a prática. Por exemplo, quando um bebê acaba de nascer, é impossível definir se aquela criança será um líder ou não, só de olhar para o seu rostinho. É claro que a genética influencia, também há a relação de estímulo ainda na infância pelos pais (pai e mãe), porém apenas quando a criança começa a se desenvolver e a crescer é que iremos perceber em seus comportamentos e estímulos se ela tem atitudes que demonstrem a possibilidade de liderança ou não, pois isso é muito peculiar de cada um. E possivelmente, depois de adulto, esses comportamentos característicos de um líder se tornem mais evidentes, caso os tenha.

Se uma pessoa quer desenvolver seu perfil como líder, o primeiro passo é descobrir a sua verdadeira essência e, posteriormente, mudar o seu *mindset* para assumir uma liderança de forma assertiva. Segundo James C. Hunter, "um líder eficiente é aquele que desenvolve as habilidades e as qualidades morais que o capacitam a inspirar e influenciar um grupo de pessoas".

Para ousarmos ir além, de forma a nos encontrarmos com nossa essência e decidirmos por uma direção congruente com o nosso propósito de alma como líder, antes de querermos simplesmente nos tornar um, precisamos criar um projeto pessoal com sustentabilidade, visando nossa evolução consciencial. Para tanto, é necessário o ato de disponibilidade pessoal para mudanças, e isso implica agir com comprometimento, dedicação, meticulosidade e honestidade (com si mesmo e com o outro). É preciso, antes de tudo, ser líder de si mesmo.

DESCOBRINDO SUA VERDADEIRA ESSÊNCIA COMO LÍDER

Este exercício foi muito significativo para mim durante os meus estudos de *coaching* e Filosofia Clínica. Nele, eu descobri que a liderança fazia parte da minha essência e convido você a contar a sua história também, afinal, faz parte de tudo o que você é hoje. Honrar e respeitar a sua própria história é um princípio básico para a descoberta de si mesmo. Sugiro que realize essa atividade em um ambiente em que esteja sozinho e sem interrupções. Relaxe e, caso queira, coloque uma música de sua preferência enquanto escreve a sua história. Você tem todo o tempo do mundo, dentro do seu tempo, para contar a melhor história da sua história, assim como ela foi, assim como ela o trouxe até aqui. Vamos lá?

ESCREVENDO MINHA HISTÓRIA EM QUATRO CAPÍTULOS

Qual é a história que você conta para si mesmo sobre a sua vida? Pense em todas as fases da sua vida como se fossem capítulos da sua história e as escreva nos quadros a seguir.

E com toda a sua história de vida, permita-se, neste momento, tecer um projeto que leve você a ser um líder extraordinário, a partir da liderança de si mesmo.

PRIMEIRO CAPÍTULO
MINHA INFÂNCIA (nascimento até 11 anos de idade)

Desperte o líder que há em você

SEGUNDO CAPÍTULO
MINHA ADOLESCÊNCIA (12 aos 20 anos de idade)

TERCEIRO CAPÍTULO
FASE ADULTA (de 21 anos até 60 anos de idade)

Desperte o líder que há em você

QUARTO CAPÍTULO
FASE TERCEIRA IDADE (a partir de 60 anos de idade)

Capítulo II

Seja líder de si mesmo!

Capítulo II

__SEJA LÍDER DE SI MESMO!__
O começo de tudo.

Quando eu comecei a me conhecer de verdade, percebi que todos os resultados que eu tive em minha vida eram consequências das minhas ações como "líder de mim mesmo". Eu vim de uma família humilde, apenas meu pai era alfabetizado e minha mãe não sabia ler e nem escrever, até que, após o falecimento do meu pai, a matriculamos em uma escola de alfabetização para adultos. Minha mãe e meu pai sempre incentivaram a mim e meus irmãos a estudar, se quiséssemos ser "algo na vida". Era como se a realização deles fosse a nossa realização, assim como acontece com muitos pais. Lembro-me de quando criança, a minha mãe chegava com o leite quente na beira da minha cama às 5 horas da manhã para me acordar, me estimulando a levantar e ir para a escola. Era a forma que ela encontrava de me acordar para a vida também. Quando meu pai faleceu, eu tinha 19 anos e, por ser a primeira filha, naquela época senti um vazio enorme em meu coração, que ficou sem respostas, mas, mesmo diante da tristeza profunda, continuei perseverante no meu caminho, pois jamais pensei em parar de estudar, de jeito nenhum, e aos 22 anos eu conclui a Licenciatura Plena em Pedagogia, ocasião em que senti a necessidade de fazer algo para mudar o meu padrão de vida e, com isso, inconscientemente, eu mudei o padrão sistêmico da minha família também.

    Posteriormente, estudei para o Concurso Público da Justiça Federal. Agarrei essa oportunidade com muita força. Estudava dia e noite, aos finais de semana, feriados e passava até madrugada estudando se fosse preciso. Aquela era uma grande chance na minha vida e eu não poderia perdê-la. Lembro-me até da minha irmã me dizendo que eu iria ficar "maluca" de tanto que eu estudava. Passei no concurso como analista aos 23 anos – dois meses após meu primeiro casamento – e fui galgando patamares maiores, estudando e me dispondo sempre que uma nova oportunidade surgia. Esse era o caminho que eu queria seguir e da melhor forma naquilo que eu fazia. Quando eu olho para trás, nem parece que já se passaram tantos anos, nos primeiros quatro anos de trabalho viajei de fretado, saindo às 5h45 e chegando às 20 horas em casa, ou quando chovia e ficava tudo inundado nas marginais, o horário de retorno era às 22 horas ou meia noite e no dia seguinte estava lá no horário, pois não havia na época interiorização da Justiça Federal. Aproveitava o tempo de viagem, imaginando o planejamento e a organização de trabalho do dia seguinte. Com certeza, as dificuldades não me detiveram e, hoje, eu só tenho motivos para agradecer, pois isso só me fez crescer ao longo da minha jornada.

> *"Aqueles que querem liderar devem aprender a liderar a si mesmos."*
> *(Peter Drucker)*

Somos seres em constante evolução e podemos aprender qualquer coisa, desde que queiramos. E a liderança é uma construção evolutiva que se origina de um autoconhecimento profundo de si mesmo para desenvolver, segundo a Ph.D. Carol S. Dweck, um *mindset* criativo e alcançar resultados surpreendentes, sendo essa predisposta ou não. Esse conhecer-se a si mesmo é o primeiro passo para descobrirmos quais são os nossos talentos, nossos pontos fortes, nossas capacidades e termos a clareza de quem somos e quem queremos ser (para si mesmo e para o próximo). E foi esse entendimento de "quem era eu", do que eu queria alcançar, dos meus valores, da minha missão de vida, e qual legado eu gostaria de deixar em cada trabalho que eu realizei e continuo realizando, que me ajudaram a trilhar o meu caminho nessas quase três décadas como servidora pública. E, para encontrar isso, também foi preciso desenvolver a essência da espiritualidade, pois essa é fundamental para qualquer líder.

Sermos líderes de nós mesmos nos ajuda a encarar os desafios que surgem a nossa frente, sejam eles quais forem. Isso vai além do cargo que ocupamos, está presente nas diversas áreas da nossa vida.

Acredito que um dos maiores desafios que eu tive como líder, e esse me ajudou a superar todos os desafios que eu tive na minha vida profissional, foi o fato de me tornar mãe de dois filhos. Casei-me muito jovem com meu primeiro namorado, ficamos casados por 11 anos e me divorciei, ficando com meus dois filhos ainda pequenos para cuidar. Nesse momento, além de mãe, eu tive que desenvolver outros atributos que geralmente são do pai e, apesar de ter sido uma época difícil, aprendi muito também, e mesmo no meio de tanta responsabilidade, não fiquei na minha zona de conforto. Trabalhava, cuidava dos filhos e da casa e nesse período também me formei em Direito. Tudo isso, unido a minha fé, me fez sentir vitoriosa, uma verdadeira guerreira, pois eu consegui passar o melhor que eu poderia aos meus filhos em todas as fases de suas vidas e hoje eles só me dão orgulho. Além disso, continuei buscando o meu aperfeiçoamento como profissional e ter me formado em Direito me ajudou a galgar patamares ainda maiores na minha carreira como servidora pública.

O que aprendi profissionalmente é impagável, do meu jeito e com minha bagagem de experiência, procuro fazer o mesmo por outras pessoas, ou seja, desenvolver o potencial de talentos dos que estão no meu caminho. Não vejo outro rumo para evoluirmos senão este, da troca saudável e ecológica de informações para que todos cresçam.

Aliás, até no campo da filosofia o ambiente de trabalho é tido como ambiente educativo, onde as trocas de informações geracionais são muito importantes para o desenvolvimento do capital humano. E claro, na medida em que se vai crescendo, os desafios vão aumentando, pois aquilo que nos será dado também nos será cobrado na mesma proporção. E, talvez, um dos maiores desafios de um líder seja o entendimento do outro para influenciá-lo ao que é preciso ser feito.

Conhece-te a ti mesmo e descobrirás o outro!

Somos o que pensamos e sentimos durante todos os dias e, ao ignorarmos nossa força espiritual e daquilo que somos, ficamos sujeitos a pensamentos e emoções de toda ordem que vão para o subconsciente e, a partir daí, surgem crenças e opiniões que cocriam a realidade e os resultados.

Poderão me perguntar: — O que tem a ver espiritualidade e autoconhecimento com a liderança? Bem, sem isso não é possível desenvolver a essência de ser um líder de si mesmo antes de ser um líder para os outros. Trata-se de questão de consciência e sabedoria. Que líder serei eu se não me conheço, se confundo minha essência com os papéis existenciais ou funções que exerço? Se não vejo propósito entre os meus valores e os valores e a missão do meu trabalho?

Quando passei a desenvolver a minha espiritualidade, que vai muito além da minha religião, o meu autoconhecimento aumentou, minha percepção de mundo mudou, meu coração serenou e passei a compreender que evoluímos por níveis de consciência, em diversas esferas da vida, sendo certo que nos diferenciamos uns dos outros apenas pelos estágios evolutivos em que cada qual se encontra momentaneamente. Ou seja, cada um constrói e reconstrói seu próprio mapa mental e evolutivo, tecido a partir de sua própria historicidade que também é neuroplástica, pois todo dia recebemos novas informações que se associam, se afastam, modificam ou reforçam padrões comportamentais preexistentes em nós, a depender de nossas escolhas.

Essa compreensão de "quem sou eu" me levou a ver novos horizontes que eu nunca pensei que fosse capaz de enxergar antes. No meu papel como mãe, ter desenvolvido uma espiritualidade e um autoconhecimento maior me fizeram superar os meus medos, minhas dúvidas, meus limites e ter aprendido a seguir o melhor caminho. No meu papel como líder, a espiritualidade e autoconhecimento contribuíram para que eu, profissionalmente, me tornasse uma líder mais madura e sensível para olhar o ser humano como indivíduo – ser único, acima de tudo também. E isso, com certeza, me fortaleceu durante a minha trajetória no serviço público, onde pude crescer ao passar por diversas áreas até chegar aonde estou hoje, exercendo muitas funções diferentes, embora sempre trabalhasse com gestão de pessoas. Trabalhei com Supervisão de Processos Cíveis, Diversos e Mandado de Segurança; Direção de Secretaria; Assistente de Gabinete; Oficial de Gabinete; e, desde outubro de 2017, assumi o cargo de Diretoria de uma Secretaria Especializada em Execuções Fiscais. E nada disso veio de "bandeja", eu investi em mim, me capacitei e aceitei as oportunidades que surgiram. Aceitar essa nova posição foi uma decisão que tomei com base nos meus valores éticos e no que acredito, sendo esses congruentes com a organização, com meu superior hierárquico e com a missão da unidade judiciária, e tudo isso me fez sentir pertencente e segura ao que eu iria fazer desde o dia em que recebi o convite para esse novo desafio.

Maria Helena de Melo

O meio influencia nossa estrutura de pensamento e nos dá a percepção da realidade de acordo com as lentes que tenhamos em dado momento, mais grossas ou mais finas. Porém, cabe a nós o crescimento e desenvolvimento ou a inércia dos potenciais inatos.

Podemos conhecer e ler todos os livros, ter vários títulos, saber o que nos aflige, estudar as ferramentas para a mudança, mas se não fizermos um caminho que seja eficaz, que gere uma mudança em vários níveis da consciência, para sentir que algo realmente mudou dentro de nossa memória celular, o extraordinário não acontece.

Quando aceitamos que não queremos mais mudar ninguém, isso significa não julgamento, respeitamo-nos e aceitamos o outro do jeito que ele é, pois a única pessoa que podemos mudar somos nós mesmos, sendo certo que quando estamos a serviço da vida tudo se altera para melhor em nossa existência.

Por uma sincronicidade do universo, tudo o que precisamos vem até nós, sejam livros, pessoas, cursos, filmes, animais, oportunidades, *insights* e até as pessoas com as quais precisamos lidar. Enfim, a consciência do todo é amor puro.

O ato de inteligência e, ao mesmo tempo, contrário ao paradigma hoje existente na sociedade, é aceitar a realidade da vida e principalmente as pessoas como elas são. Ao nos aceitarmos, especialmente porque também fazemos parte dela e, caso estejamos insatisfeitos, compreendamos que a mudança externa desejada inevitavelmente se opera primeiramente dentro de cada um de nós, passamos a lidar melhor com o outro. E talvez aí esteja um dos grandes desafios de um líder e, nesse aspecto, é possível ampliar esse desafio para a maior parte dos seres neste planeta, que é o de lidar com a aceitação da natureza humana. Já escutei várias vezes, de outras pessoas, que era preferível lidar com animais a lidar com gente, no entanto, para lidar com animais também é preciso ter a mesma ou até mais sensibilidade do que a de lidar com pessoas, e isso significa aceitar o outro como se aceita a si mesmo.

Aceitação não significa concordância com o erro ou o mal, significa estar presente no "aqui e agora" para reconhecer que se a realidade tal qual se apresenta me afeta negativamente é porque há algo em mim que preciso aprender, curar, limpar e ressignificar, pois somos todos seres duais, luz e sombra. E viver corretamente é um ato de equilíbrio e de elevação nos níveis de consciência.

Para que essa aceitação aconteça em sua totalidade, o passo inicial, portanto, é a permissão para mudanças, pois a vida é um movimento eterno. Assim é a evolução.

Outro fator importante para que essa aceitação aconteça é o autodomínio. O autodomínio nos dá a segurança para dizer sim e não com assertividade na tomada de decisões. Assim, nesse projeto de desenvolvimento pessoal, encontramos nossa essência, nossa missão e a vida que vale a pena ser vivida.

Maria Helena de Melo

Quando empreendemos um caminho de autoconhecimento, a medida da distância que temos de nós mesmos diminui e passamos a gostar da própria companhia e, consequentemente, compreender o humano e sua diversidade, pois fazemos parte de um todo maior.

Passamos a entender que cada qual está num grau evolutivo diferente do outro e que todos somos 100% responsáveis por nossos atos e sobre os resultados de nossas escolhas e que cada um tem ao menos em seu campo de atuação algo que pode fazer para melhorar o mundo em que vive. Não precisa ser algo grandioso, muitas vezes uma pequena mudança desencadeia um efeito muito maior do que imaginamos.

Quando nos encontramos conosco, nos reconhecemos, primeiro como pessoa e isso ajuda a limpar as nossas lentes para enxergar o outro e fica mais fácil nos enxergar como líderes. O autoconhecimento deve ser contínuo e, por meio dele, todos os dias nós podemos aprender a fazer as melhores escolhas.

"Dentro de nós há uma coisa que não tem nome, essa coisa é o que somos."

(José Saramago)

Desperte o líder que há em você

Liderar também é uma escolha que deve vir de dentro para fora. A liderança de si mesmo, a que vem de dentro de nós, trata-se de um aprendizado que precisamos desenvolver e aprimorar continuamente, enquanto personagens da nossa própria história. É isso que nos ajudará a sermos líderes melhores em nossa vida e, consequentemente, em nossa profissão. No entanto, não podemos nos esquecer de que, para que isso aconteça, devemos assumir responsabilidades, ter consciência de que somos os principais condutores da mudança e que o meio externo é um reflexo do que somos por dentro. Permita-se ser melhor a cada dia. Honre e respeite a sua história. Veja quão grandes coisas você já conquistou em sua vida, o que poderia ter conquistado ainda mais, se não fossem seus medos, suas crenças limitantes, seus paradigmas, aquilo que ainda não conhece e que, de alguma forma, ignora. Qual é a sua identidade de líder de si mesmo?

Convido você a refletir sobre as perguntas a seguir e fazer uma viagem profunda ao interior de si mesmo neste momento. Você é o autor da sua própria história. Que tal, neste momento, escrever a história da sua vida? Que tal se permitir a ir além, ir ao encontro do seu melhor? Ou daquilo que precisa mudar para você ser a pessoa e o líder que sempre sonhou ser?

Maria Helena de Melo

1. Ao se ver diante da sua história de vida e atitudes que teve até aqui, como seria, para você, alavancar grandes sonhos e conquistas?

_____
_____
_____

2. Que decisões você tem procrastinado em sua vida? Qual é a sua intenção ao procrastinar aquilo que você tem que fazer e não faz?

_____
_____
_____

3. O que você pode fazer agora para que suas ações fluam e que você aja imediatamente?

_____
_____
_____

4. O que impede você de fazer as escolhas certas, decidir e resolver o que quer o mais rápido possível?

_____
_____
_____

5. Quais características da sua personalidade você imagina que pode melhorar? Há alguma delas que você tem tentado mudar, mas não tem conseguido? Você sabe por que isso acontece? Caso não saiba, e se soubesse, qual seria a resposta?

_____

_____

_____

6. O que acontece em sua vida que impacta direta ou indiretamente na conquista da sua felicidade?

_____

_____

_____

7. O que impede você de alcançar o sucesso em sua vida?

_____

_____

_____

8. Qual é a pequena mudança que você pode fazer em sua vida, hoje, que pode lhe trazer um excelente resultado?

_____

_____

_____

9. O que você escolhe e decide fazer como pessoa e como profissional?
_____
_____
_____

10. Quando você vai fazer o que precisa ser feito? Alguma pessoa pode ajudá-lo nisso? Ou isso que precisa ser feito só depende de você?
_____
_____
_____

**Siga em frente!
Encontre as suas forças e virtudes!**

Capítulo III

Forças de caráter e virtudes

Capítulo III

FORÇAS DE CARÁTER E VIRTUDES
Os alicerces da liderança positiva.

Vimos nos capítulos anteriores que cada líder guarda uma essência dentro de si e que a liderança deve vir de dentro para fora. E isso, sem dúvida, é um dos motivos que, por si só, torna um líder virtuoso, pois, sem isso, é impossível que o líder esteja à frente tomando tantas decisões, aceitando desafios que muitas vezes ultrapassam os seus limites. Ser um líder virtuoso o faz enxergar um futuro que a maioria ainda não viu ou cogitou e a reger processos complexos e pessoas tão diferentes umas das outras, de forma assertiva, prudente, com integridade e sem corromper os seus valores.

Maria Helena de Melo

O verdadeiro líder tem forças de caráter e virtudes que jamais se corromperão. Esses podem ser considerados os alicerces da liderança de alta *performance* e que se sustenta em suas próprias bases. Esse líder sabe porque foi chamado, porque está no seu papel e porque ele precisa fazer a diferença. Esse líder faz com que as pessoas evoluam e cresçam por seus méritos, ele é pautado pela ética e cumpre de forma exímia a sua missão. Além disso, esses líderes conseguem viver integralmente aquilo que pregam, tanto nos bastidores quanto nos palcos da sua vida, pois isso está enraizado no seu caráter como ser humano, independentemente do cargo que exerça. O fato de serem assim os torna referência no seu meio. Você conhece algum líder assim? Você se considera um líder assim?

Há alguns anos, quando falávamos de virtude, era como ecoar acima de uma montanha, só escutávamos de volta o som que era emitido, ou seja, era fora de moda, significava ilusão, ingenuidade, honestidade demais. Por muitos séculos, a palavra virtude esteve associada à religião e filosofia. Atualmente, o mundo clama por pessoas virtuosas dentro de qualquer ambiente, e isso vai muito além de uma ideologia. Quando digo pessoas, isso vai muito além do papel do líder, pois, como disse antes, tanto a virtude quanto o caráter devem estar enraizados em nós, pois isso jamais gerará dúvida sobre aquilo que somos em nossa natureza humana.

Dr. Martin Seligman (2011), com o movimento da psicologia positiva, trouxe um conceito moderno para virtude, que significa força ou excelência, são hábitos, desejos e ações que geram o bem-estar pessoal e social. Isso proporciona a um sistema ser gerido por homens e mulheres com postura virtuosa e sistêmica.

A Psicologia Positiva acredita na felicidade e bem-estar como resultado de uma vida virtuosa. A partir desse princípio, os pesquisadores estudaram vários códigos de conduta milenares extraídos do berço da cultura oriental e ocidental, tais como Bíblia, Alcorão etc., buscando virtudes comuns a todos eles. E, neste passo, encontraram seis principais virtudes: sabedoria, coragem, amor, justiça, moderação e transcendência. Após vários questionamentos sobre quais características seriam necessárias para um ser humano possuir essas seis virtudes, chegaram à conclusão de 24 características, que deram o nome de forças de caráter ou forças pessoais, que são:

SABEDORIA E CONHECIMENTO	CORAGEM	HUMANIDADE	JUSTIÇA	TEMPERANÇA	TRANSCENDÊNCIA
CRIATIVIDADE	BRAVURA	AMOR	TRABALHO EM EQUIPE	CAPACIDADE DE PERDOAR	APRECIAÇÃO DA BELEZA
CRITÉRIO	PERSEVERANÇA	GENEROSIDADE	EQUIDADE	HUMILDADE	GRATIDÃO
CURIOSIDADE	INTEGRIDADE	INTELIGÊNCIA SOCIAL	LIDERANÇA	PRUDÊNCIA	ESPIRITUALIDADE
AMOR PELO APRENDIZADO	VITALIDADE			AUTOCONTROLE	SENSO DE HUMOR
PERSPECTIVA					

Fonte: Forças e Virtudes, Apostila de Psicologia Positiva, versão 03 (p.259)

Antes de eu lhe falar o que significa cada uma dessas características, convido você a se autoavaliar a partir dos exercícios a seguir. Primeiramente, gostaria que você preenchesse a Roda das Virtudes a seguir. Você deve escolher a nota que se daria para cada uma dessas forças de caráter. As 24 forças de caráter estão agrupadas em seis virtudes principais, de acordo com a Psicologia Positiva. Vamos lá? Com caneta na mão, destaque suas notas na roda ao lado:

Desperte o líder que há em você

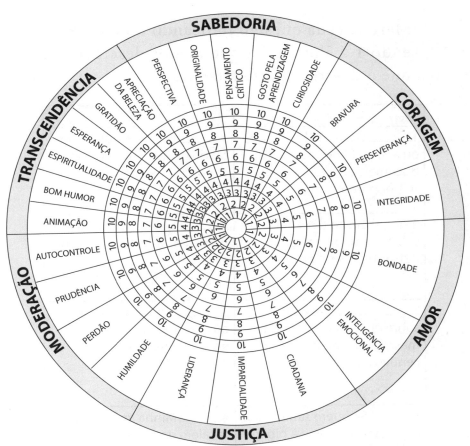

Fonte: Roda das Virtudes (RPPG)
Apostila de Psicologia Positiva, versão 3 (p.202).

Agora que preencheu a roda acima, é hora de fazer o teste a seguir e comparar se a nota que você se deu e que acredita que precisa melhorar corresponderá à virtude e às forças de caráter que você tem de mais forte em si.

Questionário para levantamento do perfil de forças pessoais.[1]

---

[1] Questionário adaptado da Apostila de Psicologia Positiva, versão 03, da Formação de Psicologia Positiva pelo Instituto Brasileiro de Coaching – IBC – Turma 09, São Paulo, pág 203/209.

Maria Helena de Melo

Marque cada questão indicando uma nota de 1 a 10, sendo 1 a alternativa que menos descreve você e 10 a que o descreve perfeitamente:

A	B
1. _____ Gosto de ler livros e/ou assistir filmes ou documentários só por prazer.	1. _____ Estou sempre inventando novas formas de fazer as coisas.
2. _____ Gosto de saber sobre o mundo em geral, outros países e culturas.	2. _____ Gosto de pensar em diferentes maneiras de fazer as coisas.
3. _____ Gosto de aprender sobre uma ou várias coisas, mesmo quando não há incentivos externo para isso.	3. _____ Meus amigos dizem que tenho muitas ideias novas e diferentes.
4. _____ Se quero saber algo, imediatamente vou à biblioteca ou à Internet para pesquisar e vibro quando aprendo algo novo.	4. _____ Minha imaginação vai além da de meus amigos.
5. _____ Todos os dias, anseio por oportunidades para aprender e crescer.	5. _____ Ser capaz de ter ideias novas e diferentes é um dos meus pontos fortes.
TOTAL DE A:	**TOTAL DE B:**

Desperte o líder que há em você

C	D
1. _____ Acho todo tipo de assunto interessante.	1. _____ Procuro evidências para analisar as situações e tomar decisões.
2. _____ Busco informações e faço perguntas que possam me direcionar e satisfazer a minha curiosidade.	2. _____ Costumo examinar informações de forma racional e objetiva.
3. _____ Acredito que sempre, qualquer coisa pode ser explorada ou descoberta, sejam lugares, situações ou trabalhos.	3. _____ Valorizo minha habilidade de pensar criticamente.
4. _____ Procuro encontrar algo interessante em qualquer situação.	4. _____ É importante pensar e analisar as questões sob todos os ângulos.
5. _____ Estou sempre curioso em relação ao mundo.	5. _____ Sou capaz de mudar de ideia, considerando fatores contrários ao meu próprio pensamento.
TOTAL DE C:	**TOTAL DE D:**

Maria Helena de Melo

E	F
1._____ As pessoas me descrevem como muito sábio(a) para a minha idade.	1._____ Apesar dos desafios, sempre permaneço esperançoso(a) a respeito do futuro.
2._____ As pessoas valorizam o meu ponto de vista sobre questões e me pedem conselhos.	2._____ Cumpro minhas tarefas do trabalho, de casa e da escola sempre no prazo.
3._____ Não me considero tão sábio, mas meus amigos assim me consideram.	3._____ Termino o que comecei, apesar dos obstáculos no caminho.
4._____ Nunca dei um mau conselho que prejudicasse um amigo.	4._____ Mantenho o foco enquanto trabalho e tenho satisfação em concluir as tarefas.
5._____ Tenho a capacidade de enxergar o "x" de questões importantes.	5._____ Meus amigos geralmente falam que me mantenho firme diante das dificuldades.
TOTAL DE E:	**TOTAL DE F:**

G	H
1._____ Acredito que a vida é mais um parque de diversões do que um campo de batalha.	1._____ Falo a verdade, mesmo que doa.
2._____ Levanto-me animado(a) com as possibilidades que o dia traz.	2._____ Preciso defender o que acredito, mesmo que os resultados sejam negativos.
3._____ Quase sempre me sinto vivo(a), energizado(a) e animado(a).	3._____ Sou uma pessoa corajosa.
4._____ Raramente me sinto exausto(a) ou esgotado(a).	4._____ Quando consigo o que quero, é porque trabalhei muito por isso.
5._____ Tenho muita energia para realizar as atividades.	5._____ Falo francamente o que acredito ser correto, mesmo se houver opiniões contrárias.
TOTAL DE G:	**TOTAL DE H:**

Maria Helena de Melo

I	J
1._____ Acredito que a honestidade é a base da confiança.	1._____ Posso expressar amor por alguém.
2._____ É mais importante ser eu mesmo(a) do que ser popular.	2._____ Sempre sinto a presença de amor em minha vida.
3._____ Sou fiel aos meus valores pessoais.	3._____ Sou capaz de aceitar o amor dos outros.
4._____ Meus valores e princípios me guiam e dão sentido à minha vida.	4._____ Existe alguém cuja felicidade é tão importante para mim quanto a minha própria.
5._____ Vivo a vida de forma autêntica e verdadeira.	5._____ Valorizo os relacionamentos com as pessoas, me sinto próximo(a) a elas e as aceito como são.
TOTAL DE I:	**TOTAL DE J:**

Desperte o líder que há em você

K	L
1._____ Costumo identificar o conteúdo emocional nas expressões e gestos das pessoas e usar essa informação para facilitar as interações.	1._____ Gosto de fazer pequenos favores e boas ações para as pessoas.
2._____ Controlo minhas emoções.	2._____ Não sou o centro do universo, faço parte de uma humanidade comum a todos.
3._____ Superei um problema emocional encarando-o de frente.	3._____ Vibro quando ouço falar de grandes atos de generosidade.
4._____ Sempre estou consciente ou percebo os motivos e sentimentos de outras pessoas.	4._____ Os outros são tão importantes quanto eu.
5._____ Sempre sei o que fazer para me adaptar a diferentes situações sociais e também o que fazer para deixar as pessoas à vontade.	5._____ Todos os seres humanos têm o mesmo valor.
TOTAL DE K:	**TOTAL DE L:**

Maria Helena de Melo

M	N
1._____ É importante para mim ajudar quem esteja em dificuldades.	1._____ Recuso-me a receber crédito por um trabalho que não fiz.
2._____ Gosto realmente de fazer parte de um grupo.	2._____ Sou completamente verdadeiro em minhas ações.
3._____ Tenho responsabilidade em melhorar o mundo onde vivo.	3._____ Trato todas as pessoas igualmente, não importando quem elas possam ser.
4._____ Sem exceção, eu apoio meus parceiros de equipe ou companheiros de grupo.	4._____ Gosto sempre de dar aos outros uma chance justa, em todas as situações.
5._____ Sou uma pessoa leal à equipe.	5._____ Os direitos de todos são igualmente importantes para mim.
TOTAL DE M:	**TOTAL DE N:**

Desperte o líder que há em você

O	P
O_____ Como líder, acredito que todos no grupo, devem opinar a respeito das ações do grupo.	P_____ Acho que o que passou, passou.
O_____ Como líder, trato a todos igualmente bem, sem levar em conta sua experiência.	P_____ Acredito que é melhor perdoar e esquecer.
O_____ Frequentemente sou capaz de ajudar outros a desempenharem melhor uma tarefa.	P_____ Quando alguém me magoa, consigo me refazer rapidamente.
O_____ Frequentemente sou capaz de motivar outros a agirem de uma determinada maneira.	P_____ Quando as pessoas me deixam com raiva, normalmente sou capaz de superar meus maus sentimentos por elas.
O_____ Um dos meus pontos fortes é ajudar um grupo de pessoas a trabalhar em conjunto, mesmo quando elas têm suas diferenças.	P_____ Raramente guardo rancor.
TOTAL DE O:	**TOTAL DE P:**

Q	R
1._____ As pessoas se sentem atraídas por mim porque sou humilde.	1._____ Penso antes de dizer ou fazer coisas, para que possa evitar arrependimento futuro.
2._____ Orgulho-me de não exagerar quem ou o que sou.	2._____ Analiso sempre as consequências dos meus atos antes de agir.
3._____ Vibro quando sou capaz de deixar outras pessoas compartilharem os "holofotes".	3._____ Não sacrifico objetivos de longo prazo por prazeres no curto prazo, procuro manter em mente o que no final trará maior satisfação.
4._____ Ninguém me descreveria como arrogante.	4._____ Procuro sempre analisar as consequências positivas e negativas, antes de tomar uma decisão.
5._____ Sou sempre humilde a respeito das coisas boas que aconteceram comigo, permito que minhas realizações falem por si.	5._____ Tenho uma imagem bem clara em minha mente a respeito do que eu quero que me aconteça no futuro.
TOTAL DE Q:	**TOTAL DE R:**

S	T
1._____ Assumo a responsabilidade sobre minhas vontades e me projeto com força nessa identidade de saber que posso fazer o melhor.	1._____ Estou sempre atento à beleza do meio ambiente.
2._____ Tenho consciência de meus próprios sentimentos e motivações.	2._____ Eu vejo beleza que outras pessoas não percebem.
3._____ Sempre controlo minhas vontades e emoções, e vice-versa.	3._____ Fico profundamente emocionado(a) quando vejo coisas belas.
4._____ Sou autoconsciente do que penso e faço.	4._____ Muitas vezes, anseio por vivenciar arte de qualidade, como música, teatro ou pintura.
5._____ Sou uma pessoa muito disciplinada.	5._____ Muitas vezes, fiquei sem fala diante da beleza mostrada em um filme.
TOTAL DE S:	**TOTAL DE T:**

U	V
1._____ Fui muito abençoada(a) em minha vida.	1._____ A respeito dos desafios, eu sempre me mantenho esperançoso(a) a respeito do futuro.
2._____ Sempre agradeço às pessoas que se preocupam comigo.	2._____ Espero sempre o melhor para o futuro e me esforço para alcançá-lo.
3._____ Quando olho para a minha vida, encontro muitas coisas pelas quais me sinto grato.	3._____ Eu espero o melhor.
4._____ Sinto-me grato(a) pelo que recebi da vida.	4._____ Eu sempre sou otimista sobre questões globais ou cotidianas.
5._____ Sou uma pessoa extremamente grata.	5._____ Sempre olho o lado bom.
TOTAL DE U:	**TOTAL DE V:**

Desperte o líder que há em você

X	Z
1._____ A maioria das pessoas diria que sou uma pessoa divertida.	1._____ Acredito em um poder universal ou em Deus.
2._____ Nunca deixo que uma situação ruim tire meu senso de humor, busco sempre ver o lado positivo das coisas.	2._____ Minha visão de mundo é muito clara e precisa.
3._____ Sempre que meus amigos estão de baixo astral, compartilho algo positivo para animá-los.	3._____ Minhas crenças moldam minhas ações e é uma fonte de conforto.
4._____ Sou conhecido(a) pelo meu bom senso de humor.	4._____ Minhas crenças são coerentes com um propósito maior e o significado do universo.
5._____ Usualmente encontro alguma coisa da qual rir ou brincar, mesmo em situações difíceis.	5._____ Sou uma pessoa espiritual.
TOTAL DE X:	**TOTAL DE Z:**

Passe para cada quadrado abaixo o total das notas de cada letra[2]:

A	B	C	D	E	F	G	H	I	J	K	L

M	N	O	P	Q	R	S	T	U	V	X	Z

---

2 *Op cit.* 1.

Maria Helena de Melo

Agora, para concluir o seu teste, transfira para a coluna **Total de Forças** o total da nota de <u>cada letra</u>. Feito isso, faça a soma e as divisões, conforme orientado na coluna **Total de Virtudes** abaixo e saiba quais são suas maiores virtudes[3].

VIRTUDES	FORÇAS DE CARÁTER	LETRA	TOTAL DE FORÇAS	TOTAL DE VIRTUDES
SABEDORIA	Amor ao aprendizado	A		>A+B+C+D+E/2
	Criatividade	B		
	Curiosidade	C		
	Critério	D		
	Perspectiva	E		
CORAGEM	Perseverança	F		>F+G+H+I/20
	Vitalidade	G		
	Bravura	H		
	Integridade	I		
HUMANIDADE	Amor	J		>J+K+L/15
	Inteligência	K		
	Generosidade	L		
JUSTIÇA	Trabalho em equipe	M		>M+N+O/15
	Equidade	N		
	Liderança	O		
TEMPERANÇA	Perdão	P		>P+Q+R+S/20
	Humildade	Q		
	Prudência	R		
	Autocontrole	S		
TRANSCENDÊNCIA	Apreciação da beleza	T		>T+U+V+X+Z/25
	Gratidão	U		
	Esperança	V		
	Bom humor	X		
	Espiritualidade	Z		

---

3 *Op cit.* 1

Parabéns por ter chegado até aqui e pela descoberta das suas virtudes e forças de caráter. Convido você a entender o que significa cada uma dessas características e aprimorá-las em seu dia a dia. Ao agir usando essas forças e virtudes, os sentimentos e comportamentos positivos tornam-se ainda mais significativos e plenos em sua vida.

Forças de SABEDORIA e CONHECIMENTO

Essas são qualidades cognitivas que estão relacionadas à aquisição e ao uso do conhecimento e envolvem:

- **Criatividade:** pensar em novas formas de conceituar as coisas, de forma produtiva e diferenciada. Gostar de ser original, inovar e fazer novas invenções.

- **Curiosidade:** interesse em novas experiências, descobertas e novas possibilidades.

- **Critério:** pensar nas coisas, examinando-as por todos os ângulos, possuir um pensamento crítico e uma visão ampliada capaz de enxergar as coisas sob vários pontos de vista.

- **Amor ao aprendizado:** buscar novas habilidades, novos conhecimentos e estudos, seja por meio de uma educação formal ou pessoal.

- **Perspectiva:** esperar o melhor do futuro e ter sabedoria ao realizar ações que nos levem aos nossos objetivos. Acreditar que de alguma forma podemos ser melhores e fazer coisas melhores no futuro, aumentando nossa consciência e satisfação, proporcionando conselhos assertivos e novas visões aos outros. É ter uma expectativa e energia positivas a respeito do que pode nos acontecer.

Forças de CORAGEM

Coragem é a ação que vem do coração. Ela é uma força emocional que vai muito além da ausência do medo, ela envolve determinação para encarar os desafios, oposições, obstáculos internos e externos. É a coragem que move uma pessoa a encarar seus propósitos e objetivos. Essa qualidade envolve:

- **Bravura e valor:** ser destemido em relação aos desafios, ameaças, dificuldades ou dor. Ser autoconfiante e agir com convicção, mesmo que não agrade a todo mundo ou seja algo contrário ao que a maioria pensa.
- **Perseverança:** não desistir na primeira dificuldade, buscar novas formas de continuar no

propósito de uma ação do começo até o final, independentemente dos obstáculos.

- **Integridade:** ser íntegro, honesto, incorruptível. Assumir responsabilidade de forma genuína, irrepreensível e com retidão.
- **Vitalidade:** viver e fazer as coisas com entusiasmo, energia e alegria, se sentir vivo e ter satisfação pela vida e pelo que faz.

Forças HUMANITÁRIAS (humanidade)

Essas são forças pessoais que envolvem os relacionamentos humanos e tudo o que faz parte do ser humano, enquanto indivíduo.

- **Amor:** valorizar o relacionamento com o próximo, a reciprocidade, o amor genuíno, especialmente os que envolvem o cuidar e o afeto.
- **Generosidade:** fazer o bem sem merecer a quem, ser altruísta, fazer favores e boas ações para os outros, sem necessariamente ter um interesse em troca.
- **Inteligência social:** ter empatia e estar consciente dos seus sentimentos e motivações e dos sentimentos e motivações de outras pessoas.

Forças de JUSTIÇA

Essas são forças ou virtudes cívicas que garantem uma vida saudável em sociedade.

- **Trabalho em equipe:** trabalhar como um membro de um grupo ou equipe, e não apenas como parte de um grupo, sendo fiel ao mesmo.
- **Equidade:** tratar todas as pessoas com igualdade, respeito, com equidade e justiça, sendo imparcial, ou seja, não deixando sentimentos pessoais influenciarem nas decisões sobre os outros.
- **Liderança:** conduzir e encorajar as pessoas de uma equipe a fazer as coisas necessárias para alcançar o êxito diante dos objetivos traçados e, ao mesmo tempo, manter boas relações uns com os outros.

Forças de TEMPERANÇA

Essas são forças que nos protegem dos exageros emocionais e dos impulsos indesejáveis.

- **Capacidade de perdoar:** aceitar que erramos e que os outros erram também e não carregar mágoas em relação ao que os outros nos fizeram, dar uma segunda chance a si mesmo e às outras pessoas e não ser vingativo.

- **Humildade:** ter bom senso e deixar que nossas ações falem por nós mesmos, sem querer nos sobressair sobre os outros só para que sejamos vistos, não acreditar e agir como se fôssemos melhores que os outros e como se fôssemos o centro do universo.

- **Prudência:** ser cuidadoso sobre as escolhas que faz, não assumir riscos desnecessários e compromissos que não conseguirá cumprir, pensar antes de agir e não fazer coisas de que poderá se arrepender depois.

- **Autocontrole:** ser disciplinado, ter capacidade de fazer o certo e evitar o errado, ter controle sobre os próprios sentimentos e atitudes.

Forças de TRANSCENDÊNCIA

São as virtudes pessoais que nos fazem ter uma conexão maior com o nosso corpo, ambiente e o universo e nos dá um sentido maior na vida.

- **Apreciação da beleza:** apreciar e reverenciar a beleza da vida no ambiente e sociedade em que vivemos. Valorizar os talentos e virtudes dos outros também. Isso faz com que conectemos o nosso melhor com o melhor do outro.

- **Gratidão:** ser grato pelas boas coisas que acontecem na nossa vida com alegria e também agradecer àquilo que não foi tão bom, mas que, de certa forma, nos deu a oportunidade de crescermos. Ter o hábito de agradecer e reconhecer as pessoas e a vida de forma espontânea e positiva.

- **Espiritualidade:** engloba ter fé, propósito de vida e uma religião ou filosofia de vida para a condução de pensamentos e crenças coerentes com o nosso lugar no universo e na vida. Cultivar a espiritualidade é encontrar um sentido na vida e no universo e pode ser considerada uma das mais sublimes e humanistas forças de caráter.

- **Senso de humor:** ter um estado emocional positivo e que se manifesta por meio do riso e das palavras e gestos positivos. É levar leveza para a adversidade e perceber o lado engraçado da situação e das coisas, evitando a tristeza, a mágoa e o sofrimento desnecessários.

Espero que este capítulo o tenha ajudado a encontrar o que existe de mais sublime e, ao mesmo tempo, mais forte dentro de você. O caminho para ser uma pessoa virtuosa nem sempre é fácil, pois estamos o tempo todo querendo ceder aos nossos prazeres e ganhos imediatos, do que nos sacrificar por um tempo para alcançar um resultado futuro. No entanto, quando se trata de sermos líderes que usam uma ideologia mais positiva, cujo objetivo é a entrega de resultados alinhado com o bem-estar de todos e não simplesmente ao que o meio nos induza, praticar essas virtudes será fundamental para melhores conquistas. E quem ganhará com isso não será apenas o líder, mas, sim, todos os envolvidos e que fazem parte do mesmo objetivo. Haverá autorrealização, satisfação pela vida, pelo ambiente e pelas pessoas e resultados mais significativos.

Continue a jornada... Como líder virtuoso, quais forças de caráter que você não identificou em você, mas que, se as tivesse, faria toda a diferença em sua liderança a partir de agora?

**Caminhe o caminho e se prepare
para grandes desafios...**

Capítulo IV

Os desafios da liderança

Capítulo IV

OS DESAFIOS DA LIDERANÇA
Como superá-los de forma positiva!

Dizem que um bom líder é um bom discípulo. No entanto, tão importante quanto gerar discípulos é o que gerar nos discípulos a serviço do outro. E esse não é um caminho fácil, principalmente no serviço público, onde a cultura, burocracia, regras, gerações diferentes e estabilidade profissional podem se tornar os maiores desafios. Exige-se, sobretudo, uma liderança capaz de promover mudança de *mindset* e melhorar a realidade das pessoas e, consequentemente, do seu meio, gerando, assim, resultados sustentáveis.

Maria Helena de Melo

Durante a minha jornada de trabalho, estudos e vivência, eu aprendi a honrar e respeitar os meus superiores e aí reside o grande desafio das pessoas, senão da humanidade, que é o do posicionamento ou reposicionamento nos devidos papéis. É preciso ser pequeno primeiro (discípulo), para aprender com um mestre, ou com quem tenha maiores capacidades e habilidade para ensinar o que sabe, para quando surgir a possibilidade no tempo e espaço corretos estar pronto a assumir o papel de líder.

Se percorrermos a história da humanidade, veremos que todos os grandes líderes positivos tiveram grandes histórias de vida. Suas historicidades não foram "mornas", o que lhes conferiu, além da *expertise* em suas áreas de atuação, a sabedoria. Jesus, Gandhi, Madre Teresa de Calcutá, Martin Luther King, Nelson Mandela e tantos outros líderes anônimos tiveram suas trajetórias de vida pautadas em fazer algo diferente para o mundo por meio do diálogo um a um. Eles não fizeram tudo sozinhos, eles se uniram às pessoas (certas ou não tão certas), dividiram a sua ideologia e prepararam os seus discípulos a fim de alcançar algo maior capaz de continuar pela eternidade. Mas o que diferencia esses líderes dos líderes atuais, além de suas virtudes e forças de caráter? A primeira resposta para essa pergunta: eles se sentiram pertencentes aos seus chamados.

Desperte o líder que há em você

Talvez possamos dizer que esses líderes já tinham em seu D.N.A. a liderança latente e, por isso, fizeram o que fizeram, essa seria uma boa resposta. Mas, infelizmente, não há nada que comprove isso, o que podemos notar de semelhante entre todos eles são os seus traços de liderança. Para obter conhecimento acerca do caminho percorrido por eles, entre tantos outros, que se tornaram grandes líderes nas mais diversas áreas, inclusive espiritual, basta trilhar as bibliografias e memórias no campo informacional das bibliotecas e livrarias do mundo todo.

Para Jack Welch, ex-presidente da GE (General Eletric), considerado Gestor do Século, em 1999 pela *Revista Fortune*, "liderar vai muito além do que o simples fato de comandar e fazer com que as pessoas façam o que o líder deseja. Na sua visão, isso não é liderar e sim gerenciar. Ser líder é estabelecer uma visão e missão e influenciar positivamente os membros de sua equipe a seguirem no caminho para a realização desta meta". E isso independe do que o time irá encontrar pela frente.

Crescimento gera responsabilidade e talvez seja esse o mais difícil dos desafios da humanidade, porque requer talentos, capacidades, competências e habilidades aprendidas ao longo da vida para que possam servir de instrumento de progresso tanto intelectual quanto ético.

Maria Helena de Melo

Competências técnicas são necessárias a qualquer trabalho que for desenvolvido e ao alcance do bom êxito e eficácia na consecução de tarefas e gestão por mais simples que seja o empreendimento, pois até na família isso é de suma importância, quiçá nas nossas organizações e empresas, mas reconhecemos que isoladamente a competência técnica, sem o desenvolvimento de outras inteligências, torna ineficaz a liderança.

Desafios surgirão a todo o momento dentro de qualquer missão a que se proponha realizar, entretanto, é importante compreender, enquanto líder, a se posicionar, se sentir pertencente para ajudar o outro a se pertencer; é preciso saber escolher as pessoas certas para fazer as coisas certas, mesmo que isso lhe custe desenvolvê-las e, além disso, o líder deve estar à frente do seu tempo, saber lidar com mudanças, desde "egos" a medos. E tudo isso exige uma sensibilidade que vem do autoconhecimento, da empatia e da congruência com o seu papel.

COMO GERAR O PERTENCIMENTO

Quando citei os líderes anteriormente, entre os fatos que os fizeram ser líderes na história da humanidade, é que todos eles estavam em seus devidos papéis e os representaram brilhantemente. Podemos entender com isso que, quando estamos inteiros naquilo que fazemos, seja qual for o papel, alcançaremos resultados maiores, independentemente do cargo que tenhamos.

Dentro das organizações e do nosso ambiente familiar existe uma ordem sistêmica, e que vai muito além, eis que pela ordem primeiro vem a família e depois a empresa. Essa ordem influencia diretamente como lidamos com nossos papéis e como atribuímos valor e resultado a eles, tanto como pessoas, líderes ou liderados. O discípulo não pode estar em posição maior do que o mestre, ou vice-versa. Existe uma ordem natural de como essa hierarquia deve ser seguida e respeitada e, no caso, o posicionamento e o sentimento de pertencimento do líder, em primeiro lugar, são imprescindíveis.

Em Constelações Organizacionais, modelo esse estudado por Bert Hellinger, percebeu-se que existem alguns princípios básicos presentes nas relações humanas, dentro e fora das empresas que estão ligados a determinadas ordens que, ao serem conhecidos, se tornam fontes solucionadoras dos conflitos e das crises. Esses princípios, em síntese, estão ligados às ordens do dar e do tomar, tratam do equilíbrio entre as partes envolvidas na relação, seja ela de trabalho ou de família, entre pessoas físicas, organizações ou empresas, não importam quais são os atores das relações, "aquele que toma também dá e vice-versa". O exemplo disso está na questão da igualdade entre o trabalho e o benefício recebido por ele e também aquele que paga e o devido trabalho realizado que recebe; do todo, em que se observa que só se consegue sentir-se inteiro, com força quando todos os participantes do grupo são olhados, aceitos e integrados como parte. Tanto é que, ao ser excluído alguém do sistema, ao não ser lembrado, demitido injustamente ou tantas outras situações, que mereceriam um estudo a parte, algo tira a força do sistema e surge a crise ou desordem, ou seja, trata-se da necessidade de pertencer a algo ou a um grupo; da hierarquia, em que tudo segue uma ordem de prioridade e importância. Segundo Berth Hellinger, muitas empresas vão à falência por desconhecerem tal ordem.

Imagine você que um colaborador ou gestor acabou de ser indicado para um cargo ou função, e não tem o menor conhecimento dessa ordem de fundamental importância, desconhece a diferença que existe entre a ordem da hierarquia por desempenho e a ordem da hierarquia por pertencimento e, tal como exemplo dado por Hellinger, se comporta como uma "vassoura nova que varre o que é velho", não respeitando a história do que foi feito ali e muito menos as pessoas que contribuíram até então, fazendo com que isso traga energeticamente e humanamente consequências graves para a organização.

É importante nos inteirar sobre as leis sistêmicas, para que possamos ser mais conscienciosos na tomada de decisão, especialmente quanto ao respeito ao devido posicionamento de cada um no seu lugar de pertencimento.

Eu sei o que é isso, e só poderia dar ao outro o que sou, já que vivenciei na prática o acolhimento quando também retornei para a mesma secretaria em que tivera sido diretora, mesmo estando em outro papel. Quando temos real controle do que somos, quando temos flexibilidade para mudanças e estamos bem com nossa historicidade dentre tantos papéis que desempenhamos ao longo da vida, e do quanto podemos crescer com outras pessoas diferentes de nós e agregar na equipe, não nos desvalorizamos e tampouco desvalorizamos o outro. Nos tornamos mais fortes, inteiros e criamos vínculos.

Até então segui intuitivamente um caminho que verdadeiramente faz sentido para a minha vida. Quando digo intuição, lembro que não se trata de algo místico. A intuição em síntese se manifesta a partir de várias pastas de conhecimento e vivência interna em várias áreas, pois como podemos intuir algo que nem conhecemos a *priori*? Seja nesta ou noutra vida, para quem acredita.

Posteriormente, em continuidade a todas as formações que fiz por conta própria em filosofia, desenvolvimento pessoal e de gestão pessoas e de empresas, me presenteei com uma formação em constelação familiar em Goiânia que me brindou com uma grande surpresa: "Nossa... não sabia que já sabia tantas coisas". Eu fazia a constelação "intuitivamente" na minha imaginação. Era uma habilidade que, até então, eu desconhecia, mas já acontecia naturalmente.

Algo que quero compartilhar é que a pior coisa que pode acontecer num sistema, seja ele qual for, é a inobservância das leis sistêmicas da ordem, hierarquia e pertencimento, as quais em síntese vão ao encontro de tantas leis universais e milenares.

Como líderes, gestores e liderados é de bom alvitre ter conhecimento da existência delas, as quais não são tangíveis, mas que atuam no plano concreto nas posturas que vivenciamos e nos padrões que muitas vezes nem damos conta de que estamos ligados, pois existem pontos de intersecção entre os sistemas familiares, individuais e coletivos.

Berth Hellinger nos convida a esse novo olhar sistêmico para tratar disso, mediante a Constelação Organizacional.

Quando nos sentimos pertencentes ao sistema organizacional nos posicionamos e nos reposicionamos com maior autonomia e equilíbrio, criamos vínculos mais fortes e a energia flui de forma próspera, sabemos que podemos mudar de papel e que isso em nada nos desrespeita dentro da lei sistêmica da ordem da hierarquia; pelo contrário, nos fortalece.

Cheguei a receber durante várias ocasiões algumas sugestões de como deveria agir, e realmente teria dado ouvidos se eu não tivesse bem claro dentro de mim tudo o que expus ou se tivesse no meu campo de pensamentos e sentimentos o ego do medo ou da competição em relação a quem estava lá antes de mim.

Entender essa ordem é fundamental, pois uma organização privada, pública ou de qualquer natureza depende de pessoas, e os resultados, por sua vez, exclusivamente delas. Quando o líder entende essa ordem natural das relações humanas, ele será capaz de engajar as pessoas certas no lugar certo e o que antes era considerado um grande obstáculo se torna um desafio capaz de ser superado mais facilmente, pois cada um estará onde deve estar. Isso é importante também para saber se o líder está com o time certo para fazer o que tem que ser feito e evitar a perda de energia, tempo, tentando consertar aquilo que não tem conserto, ou seja, tentar desenvolver alguém para determinada função sem que ele(a) se sinta pertencente ou que não tenha a ver com suas escolhas, talentos, capacidades e habilidades.

COMO ESCOLHER O TIME CERTO

Antes de escalar o time certo, é preciso ter bem claro o objetivo a ser alcançado, ou seja, qual é o desafio? Só depois disso é possível selecionar o time certo e esse vai além da afinidade entre líder e liderado. É preciso, acima de tudo, que haja capacidades hábeis para atender ao que deve ser feito. Não havendo tais capacidades, vem a oportunidade, a proposta para que essa pessoa se desenvolva. Quanto mais claro o objetivo ficar para a pessoa que vai entrar no time, mais o líder terá condições de avaliar se aquela é a pessoa certa para o que deve ser feito. Lidamos com gerações diferentes e cada uma dessas pessoas é estimulada de uma forma. Temos os *Baby Boomers* (nascidos entre 1946 e 1964, após a Segunda Guerra Mundial); X (nascidos a partir de 1965, filhos de mães que começaram a trabalhar fora de casa, ou que eram divorciadas e que tiveram o primeiro contato com um computador); Y (nascidos a partir de 1978, que começaram a entrar no mercado de trabalho e tiveram contato com a informática da época); Z (nascidos entre 1990 e 2009 e que querem respostas rápidas); Cangurus (indivíduos com 25 a 30 anos de idade que ainda moram com seus pais); Geração Google (adolescentes nascidos a partir de 1993 e que cresceram em um mundo dominado pela *Internet* – tudo tem que ser rápido e resumido).

Para cada indivíduo desses, o papel a ser exercido deve acontecer de uma forma muito peculiar, pois cada um deles possui motivações que muitas vezes podem ser contrárias as de seu líder. É preciso entender como cada um funciona para tomar decisões e dar responsabilidade na medida certa. E mais uma vez, o objetivo, papéis e responsabilidades devem estar claros para todos, independentemente das diferenças entre eles.

Às vezes, o líder tem em seu time alguém que realmente quer uma oportunidade para crescer, fazer parte, aceita os desafios, mas não está tão capacitado assim para o que o objetivo exige. Cabe ao líder, nesse momento, verificar a possibilidade de desenvolver essa pessoa e mantê-la no seu time. O líder *coach*, por exemplo, possui ferramentas e habilidades para fazer isso e, junto ao setor de Recursos Humanos da organização, esse trabalho se torna mais rápido e congruente com a normas da empresa para que essa capacitação aconteça. Também haverá pessoas que não querem fazer parte do objetivo. O que fazer nessa hora? Nesse momento, a área de Recursos Humanos do órgão também é o melhor aliado do líder para tomar a decisão que mais se adeque às normas administrativas.

Segundo James C. Hunter, em seu livro *O monge e o executivo*, "o teste definitivo da liderança é saber se, depois de algum tempo sob o comando de um líder, as pessoas saem da experiência melhores do que eram antes". Essa é uma reflexão importante, pois em todas as épocas da humanidade, todas as vezes que deparamos com ideias novas, ou remodeladas, que produzam um movimento de mudança, surgem as resistências, especialmente por parte dos que já estão sedimentados na zona de conforto.

A questão das mudanças, quando se depara com os aspectos geracionais, sempre desafia o líder a ter sabedoria para lidar e potencializar talentos escondidos, motivar o crescimento a fim de que novas redes neurais sejam criadas em seus liderados, a partir de novos desafios compatíveis, independentemente da idade/geração.

COMO LIDAR COM MUDANÇAS DE FORMA POSITIVA

Estamos vivendo numa época em que, de uma forma ou outra, somos chamados para dar conta de mudanças em algum ou vários níveis, e isso inclui o universo tecnológico, a informação e o conhecimento, a busca por resultados rápidos e satisfatórios e até níveis mais sutis como a cultura organizacional e a ética que fatalmente passa pelo desenvolvimento de pessoas. Cumprir esse papel dentro de um projeto de Gestão do Conhecimento, como o processo eletrônico, projeto inovador que une a tecnologia e o humano a favor do maior desempenho e eficiência dos processos judiciais, faz parte dessa mudança que passa fatalmente pela conexão com o mundo moderno, mas também podemos quebrar os paradigmas e o medo que toda mudança traz. Esse, portanto, pode ser considerado um grande desafio, talvez um dos maiores do mundo moderno dentro da esfera dos serviços públicos.

Por mais que a tecnologia esteja presente em tudo em nossas vidas, essa ainda causa, assim como toda mudança, o medo de muitas pessoas, especialmente de passar o seu conhecimento e depois não ser mais necessário para aquele assunto, mesmo tendo estabilidade profissional, e de não ser mais visto, por se sentir substituído por uma "máquina" (tecnologia).

Toda mudança de cultura gera uma mudança de comportamento do indivíduo para alcançar o sucesso e isso impacta diretamente no seu ambiente de trabalho e na sua forma de realizar suas atividades. Ter claro como esse ambiente de trabalho funciona e os impactos que serão gerados pela mudança ajuda a controlar os seus reflexos no meio externo com mais assertividade. É preciso que a aceitação pelo novo venha de dentro para fora, ou seja, primeiramente pelos próprios membros da organização, pois eles serão os maiores influenciadores da mudança externa, como a sociedade e todos os que dependem dos serviços dela, por exemplo.

> *"As pessoas comumente têm medo da mudança porque temem o desconhecido. Mas a única grande constante da história é que tudo muda."*
> *(Yuval Noah Harari)*

Para o alcance do sucesso de qualquer projeto e objetivo organizacional, é fundamental que o líder influencie o envolvimento de todos. Quanto mais se conhece sobre aquilo que deve ser feito e quanto mais informação e diálogo todos tiverem, menor será a resistência ao desconhecido. Ao dividirmos o desafio, ele se torna mais leve. Quando unimos forças em busca de um único propósito, alcançamos um resultado muito superior ao que se espera, afinal, cada um tem o seu talento, sua habilidade, seus conhecimentos e experiência únicos, só precisa de um maestro que lhes conduza para que o espetáculo aconteça.

Uma mudança não acontece do dia para a noite, ela é um processo que exige de nós muita perseverança, abertura ao novo, cuidado, confiança, habilidades, colaboração e, acima de tudo, deve contar com o apoio da estratégia organizacional – "*top down*". Ao longo deste livro, eu trarei para você uma possibilidade de aplicação das boas práticas de gestão para que esse processo de mudança possa ser realizado.

COMO TRANSFORMAR A ZONA DE CONFORTO EM UM AMBIENTE INOVADOR

Mudar uma rotina nem sempre é fácil, imagine se essa vier acompanhada da famosa "zona de conforto"? Steve Jobs, uma das grandes personalidades da nossa história de inovação, escreveu em seu currículo no site Mac da Apple a seguinte frase:

> Estou procurando um lugar que precise de muitas reformas e consertos, mas que tenha fundações sólidas. Estou disposto a demolir paredes, construir pontes e acender fogueiras. Tenho uma grande experiência, um monte de energia, um pouco dessa coisa de 'visão' e não tenho medo de começar do zero.

Isso é o que chamo de disposição para fazer diferente e é essa disposição que nos leva a sair da nossa zona de conforto, tão inerente a tantas pessoas e ambientes. É ter a mente aberta a novos conhecimentos, novas visões e possibilidades. É estar aberto à evolução e contrário à estagnação.

O **primeiro passo** para sair da "mesmice" diária (zona de conforto), sem dúvida, **é estar aberto para obter novos conhecimentos**. Esse conhecimento não deve estar limitado apenas a sua própria área, mas a todas as pessoas que fazem parte do seu trabalho diário. Aprender sobre seus processos, aprender sobre as pessoas, aprender novas técnicas e ciências comportamentais e desenvolver as pessoas para o trabalho que se espera delas. Sem isso, não é fácil criar novas trilhas neurais para ampliar o mapa mental fixo para um *Mindset* de crescimento, segundo a Ph.D. Carol Dweck.

Também é preciso demonstrar que o aprendizado pelo intelecto é apenas uma parte do caminho percorrido para o desenvolvimento humano. A outra parte é a vivência e a congruência entre o que se sabe e o que se vive na prática e nos atos diários da vida.

O segundo passo é o autoconhecimento. Sem autoconhecimento não temos como aferir nossas limitações e nossos potenciais, tampouco termos empatia com o outro. É por isso que conhecer a sua essência como líder é tão importante. Esse é um caminho individual como uma cebola, a cada camada que tiramos aparece outra com novos desafios até chegarmos mais próximos da nossa essência.

O terceiro passo é estar aberto para percorrer novos caminhos. Se tiver medo, vai com medo mesmo. O medo é como um véu ilusório que nos impede de seguir em frente, reveste a nossa percepção fixa de que o desafio se trata de uma muralha intransponível e não apenas um véu. Aceitar que somos seres duais e investir em nosso lado luz é um grande passo em prol da nossa evolução.

O quarto passo é buscar ferramentas que ajudem na autotransformação e ampliação de novas habilidades: Minhas ferramentas: Filosofia Clínica, *coaching* com Linguagem Ericksoniana, Psicologia Positiva, Comunicação e Programação Neurolinguística, Constelação Sistêmica Integrativa – CSI me ajudaram muito até aqui.

E o quinto e último passo é, em todo o processo, manter uma mentalidade de **gratidão** por cada nova conquista.

DICAS PARA SUPERAÇÃO DE DESAFIOS

Compartilho com você algumas dicas que o ajudarão na superação de desafios. Claro que, ao longo deste livro, você conhecerá pontos fundamentais de como lidar com esses desafios diante de mudanças de forma positiva, mas, aqui, convido você a conhecer o filme "Desafiando Gigantes" que ilustra muito bem, e com clareza, como a superação de si mesmo como líder e da sua equipe acontecem na prática.

O filme *Desafiando gigantes*, dirigido e estrelado por Alex Kendrick e produzido pela Sherwood Pictures, me trouxe um grande convite que também quero compartilhar com você. Trata-se de um filme desafiador de fato para quem está disposto a fazer um mergulho pelos grandes caminhos de superação de obstáculos para alcance do sucesso, além de ser um profundo sinal de alerta. Para onde você deve direcionar o seu foco para fluir nos seus projetos, na vida de família, no seu trabalho e na sua gestão e liderança.

Peço que sente em sua poltrona e assista sozinho(a) ao filme e obtenha suas grandes reflexões a partir das seguintes perguntas:

Maria Helena de Melo

1. Quais são os personagens do filme e quais são os papéis que eles representam? Com qual papel você mais se identificou?

_____
_____
_____
_____

2. No papel que escolheu, em que momento do filme você também se confrontou com suas crenças e seus valores?

_____
_____
_____
_____

3. Quantas vezes em sua vida você venceu situações que não imaginava que seria possível? Como se sentiu após a superação de cada uma delas?

_____
_____
_____
_____

4. Qual foi o ápice do filme no tocante às forças e virtudes do(s) personagem(ns)? Quais são as características positivas que você percebeu em si? O que o personagem fez e que você pode fazer também?

_____
_____
_____
_____

5. Qual é o gigante que o personagem principal teve que enfrentar para levar o time a vencer os jogos? Ele é verdadeiramente grande ou é o personagem que o vê assim?

_____
_____
_____
_____

6. Qual foi a postura adotada pelo personagem principal quando ouviu as "tramas" que estavam sendo feitas nos bastidores?

_____
_____
_____
_____

7. Há outra forma diferente de fazer o que você sempre fez para obter resultados diferentes do que sempre obteve?

_____
_____
_____
_____

8. O personagem principal ou aquele com quem você se identificou esteve sozinho na jornada até a vitória? Quem estava torcendo junto com ele?

_____
_____
_____
_____

9. O que é ser líder para você diante das posturas adotadas pelos treinadores do time vencedor e do time que fracassou?

_____
_____
_____
_____

10. Diante das leis sistêmicas do dar e receber, pertencimento e hierarquia, o que você consegue extrair do filme para a sua vida?

_____

_____

_____

_____

11. Quais foram as forças de caráter que o líder treinador encontrou em si para desenvolver os integrantes da equipe? E você, quais são suas forças? Quais seus pontos de melhoria?

_____

_____

_____

_____

12. Você sabia que a gratidão aumenta os neurotransmissores responsáveis pela dopamina e isso melhora nosso estado de ânimo e contribui para a felicidade? Você tem o hábito de agradecer por suas conquistas diárias?

_____

_____

_____
_____

13. Nas derrotas, o que o treinador influenciava o time a fazer para vencer aquele momento e continuar?

_____
_____
_____
_____

14. O que aconteceu com o personagem principal e com a equipe quando começaram a se sentir mais felizes com suas *performances*?

_____
_____
_____
_____

15. O que você tira de lição para a sua vida enquanto líder na sua família, no seu serviço, no seu cargo ou função?

_____
_____

_____

_____

16. Quais foram as frases de impacto que chamaram a sua atenção no decorrer do filme e o que elas representaram para você?

_____

_____

_____

_____

> *Um líder pode ter pedras no caminho, o importante é reconhecer, aprender o que elas fazem no caminho. Faça bom uso delas em sua vida e verás que pedras pequenas, médias ou gigantes por algum motivo serviram à vida e tiveram um propósito que bem pode ser a base para um poderoso alicerce, de um grande edifício. Edifique sua vida. Faça das pedras o melhor propósito que puder, com consciência humanamente ecológica, e verás o maravilhoso acontecer.*
>
> *(Maria Helena de Melo)*

Capítulo V

Gestão na era do conhecimento

Capítulo V

*GESTÃO NA ERA
DO CONHECIMENTO*
**Como lidar com as mudanças
de uma nova cultura.**

Estamos em uma era onde a informação cresce consideravelmente a cada minuto no mundo todo, as mudanças tecnológicas ocorrem muito mais rápido do que imaginamos e novos *softwares*, aplicativos, automação da nossa forma de trabalhar e uma porção de novidades, com as quais sequer imaginávamos lidar dez anos atrás, surgem quando menos esperamos. É a *Internet* das coisas substituindo a forma tradicional de gerar resultados e mudando a nossa forma de pensar e agir. É a era do conhecimento, que chegou há algumas décadas e que impulsiona a mudar o nosso viver diário.

Neste capítulo, eu trago para você como a liderança positiva na era do conhecimento pode atuar como um gerador da mudança de mentalidade e no comportamento individual, coletivo e cultural dentro de uma organização.

Sem dúvida, a era do conhecimento trouxe grandes desafios na nossa forma de gerir também, pois junto dela veio a necessidade da mudança do comportamento das pessoas, baseada em novas expectativas. E, enquanto líderes, mudamos não apenas a nossa forma de ensinar, mas também a nossa forma de aprender. A era do conhecimento já está concretizada e não é possível involuirmos nela, o que temos que fazer é nos preparar para absorvê-la na nossa rotina diária como um fator indispensável do nosso crescimento, enquanto indivíduos, líderes e profissionais a serviço de todos.

O fato é que, em um nível mundial, esse processo de transição, da sociedade industrial para a sociedade da informação e do conhecimento (1970-1980) já foi consolidado e não tem mais volta. Já imaginou ficar sem *Internet* por um dia? E sem nossos computadores com *softwares* que facilitam a nossa rotina ou, quem sabe, ficar sem nossos celulares? Quais impactos nós teríamos em nossa vida, economia, sociedade etc.? Seria um caos, não é mesmo? Porém, o que ainda é necessário fazer para migrarmos a nossa forma de trabalhar do modelo da gestão tradicional para o modelo da gestão do conhecimento? Por que ainda ficamos presos ao velho método de fazer as mesmas coisas esperando resultados diferentes? Estamos prontos para mudar o nosso *mindset* enquanto líderes nessa era e adentrar para um mundo que evolui a cada minuto e está aí fazendo parte de nós?

E essa mudança de mentalidade vai além das empresas privadas, ela também faz parte da sugestão de um novo modelo de trabalho dos órgãos públicos. O serviço público é tido pelo mundo corporativo como um ambiente que não promove o empreendedorismo em seus servidores e, consequentemente, não inova. Outros até se arvoram em dizer que a estabilidade culmina na estagnação criativa dos servidores.

Até certo ponto isso ocorre de fato e se trata de algo muito sério, pois ideias como essa criam um modelo de arquétipo sustentado pelo inconsciente coletivo que, até que se diga o contrário, é isso que a maioria pensa, sente e propaga sem ter a mínima ideia das complexidades operacionais que há muito tem se pensado e feito para atingir melhores caminhos.

É certo que no serviço público estamos numa fase de transição acelerada a nível nacional, em termos de transformação tecnológica, ante a implantação de novos sistemas, como o processo eletrônico, que minimizarão drasticamente os esforços dispendidos com tarefas operacionais de grande montante e haja consciência e investimento da alta administração pública nesse processo. Nesse sentido, ouso dizer que em breve se abrirá espaço para o reconhecimento dos servidores em face do trabalho intelectual que será chamado a desenvolver com maior intensidade, o qual faz parte do seu mister, especialmente porque, ainda que tenhamos mecanismos digitais a nosso favor, isso não sobrepõe o recurso humano que deve ser valorizado.

As pessoas são essenciais. E aí reside o ponto principal a ser observado. O ser humano que utilizará esse ferramental digital está preparado racional/emocional/psicologicamente para essa nova fase de mudanças, diante dos fatores geracionais que temos no corpo do funcionalismo público? E que, além disso, uma vez que muitas tarefas antes eram executadas até de forma especializada passarão inclusive a não mais existir, sendo substituídas por outras mais intelectuais. É preciso quebrar paradigmas, papel tão fundamental da nossa gestão.

Se a era do conhecimento é um desafio para os líderes, eu imagino como era liderar na era industrial, sem compartilhamento de conhecimento e sem toda a tecnologia que usamos atualmente. Na era industrial, o líder mandava e ficava em um pedestal de chefe, bem diferente da era do conhecimento, onde o líder confia e compartilha informação para que todos evoluam.

Sem dúvida, a gestão do conhecimento veio para facilitar a nossa vida como líderes e nas nossas tarefas cotidianas, pois une as nossas habilidades técnicas e comportamentais a serviço do maior objetivo, que é gerar resultados sustentáveis, mas não podemos nos enganar que a maior mudança será nos sistemas sociais e econômicos que moldam as nossas vidas.

Como já dissera em outro momento, são 29 anos de serviço público e já passei por vários estágios de implementação, desde o rudimentar controle de processos por fichinha, e realmente estou surpresa com a aceleração dos últimos meses, aliás me parece que o tempo está acelerado.

Quando eu recebi o convite para assumir a direção de uma secretaria em meio à implantação do sistema de processo eletrônico busquei conhecê-lo para começar a definir o planejamento para migrar para esse novo modelo de trabalho, me perguntei, como eu pude viver sem esse recurso por tanto tempo? Puxa! Como isso teria facilitado a minha vida como funcionária, gestora, se tivesse sido desenvolvido vinte anos atrás? Quantos benefícios teriam sido proporcionados à sociedade por meio desse recurso? Quanto teríamos economizado de espaço físico para a guarda de processos? Quanto teríamos economizado financeiramente com isso? E quanto tempo seria otimizado pelo uso digital da nossa forma de trabalhar? Vi tantas vantagens e confesso que, para mim, a mudança do meu *mindset* foi automática, pois percebi o valor significativo e os benefícios que essa nova forma de gerir o conhecimento traria a todos.

Tecnicamente, a gestão do conhecimento nada mais é do que um conjunto de procedimentos, comportamentos e colaboração dedicada ao zelo do saber organizacional. É conhecer o que se tem nas mãos, mas, acima de tudo, na mente de cada um, o que chamamos de conhecimento tácito, de uma forma unificada, visando facilitar e agilizar o nosso trabalho diário e compreender que o valor de uma organização também é medido pelo valor dos seus ativos intangíveis. Tais ativos dessa organização podem ser medidos pelo conhecimento adquirido, o seu capital intelectual e sua identidade impressa em uma marca, dando maior visibilidade e qualidade aos seus feitos. Quando o líder conhece o significado que a gestão do conhecimento tem para o bem comum, além da organização, e usa a liderança positiva para apoiá-lo nesse processo, os resultados se tornam surpreendentes.

Nesse sentido, é de suma importância que a liderança, neste momento de transição, e das habilidades a serem desenvolvidas para lidar com vários aspectos importantes na forma de gestão, tenha um olhar sistêmico para todo o conjunto de interseções de relacionamentos dentro do ambiente de trabalho. E pensando no resultado a curto e longo prazo, a partir dessa nova estrutura tecnológica e informacional que já está se movimentando para modificar todo o sistema de trabalho, e especialmente no ser humano que é a base essencial nessa transição, que me propus a mostrar a liderança positiva em prol do florescimento de servidores, sob uma nova visão de gestão para identificar e aperfeiçoar talentos.

As pessoas são o capital humano mais valioso de uma organização. Elas que são capazes de pensar, aprender e interagir. São elas também que criam o conhecimento e o transformam em resultado, por meio do compartilhamento daquilo que sabem.

"Solução dos problemas apenas restaura a normalidade. Aproveitar oportunidades significa explorar novos caminhos."
(Peter Drucker)

O líder que faz uma gestão baseada na era do conhecimento e na liderança positiva está aberto à evolução da sua forma de trabalhar, pois sabe que precisa saber muito mais do que gerenciar atividades cotidianas, ele deve ser o principal estimulador da mudança de *mindset* do seu time para absorver as oportunidades que surgirão durante a jornada. Esse líder consegue fazer com que as pessoas tenham um propósito naquilo que fazem e deixem seu legado e, para isso, desperta o melhor que existe dentro de cada um. Ele promove um engajamento voluntário e com significado para que as pessoas se sintam agentes de mudança e empreendedoras em suas tarefas e, além de tudo, se sintam orgulhosas por isso, não porque são pagas para fazer um bom trabalho, ou fazê-lo por obrigação, mas porque foram valorizadas por aquilo que sabem.

Mas como fazer isso? Como um líder deve atuar quando é chamado para estar à frente de um grande desafio, como a gestão do conhecimento? Fácil não é, mas pode ser mais simples quando usamos a forma positiva de liderar.

ETAPAS INDISPENSÁVEIS EM UM PROCESSO DE MUDANÇA DE CULTURA ORGANIZACIONAL

Divido com você oito etapas indispensáveis para prover a mudança cultural dentro de uma organização a partir da minha premissa comportamental, frente a essa nova mudança estrutural na forma de trabalho com base no formato eletrônico, que era algo até então desconhecido da nossa forma habitual de trabalhar.

1. Congruência de objetivos

A implementação de qualquer processo que vise uma mudança cultural, antes de tudo, deve ser congruente entre os objetivos organizacionais e o de seus membros (funcionários), afinal são um só corpo. Já imaginou o cérebro mandar uma perna andar e ela não entender para onde deve ir? Assim também é dentro de um "organismo" vivo, seja público ou privado.

Desperte o líder que há em você

Congruência significa correspondência, concordância, conformidade, harmonia e adequação ao fim a que se propõe ou se destina, e isso cabe dizer que tanto a alta administração quanto as bases compostas pelos membros da sua organização, tais como a sua liderança executiva, tática e seu operacional, devem ter em mente que a evolução de uma empresa é necessária e que todos precisam estar juntos para alcançar os resultados que ela tem como objetivo estratégico.

O professor João Souza Neto, do IBGP, falou sobre o papel da "Alta Administração na Governança" no serviço público. Segundo ele:

> **O conselho de administração das organizações é a "locomotiva que puxa a governança", funcionando como peça-chave para definir as estratégias e as políticas que melhor atenderão ao interesse público". Souza Neto destacou que a gestão da tecnologia da informação é fundamental para o Judiciário. "A questão da governança de tecnologia da informação é básica e essencial e deve se tornar parte da governança corporativa da organização", ressaltou. Para ele, o desafio é trazer a governança de TI para a pauta dos conselhos de administração das entidades públicas, pois "se o conselho não trata da governança de TI, não é possível fazer o melhor uso das tecnologias.**

Para isso, cabe aos líderes, e aqui eu não me limito apenas ao serviço público, compreenderem de forma clara esses objetivos, terem capacidade e visão ampla para falarem sobre o assunto e até mesmo questionar seus impactos, recursos que utilizarão e qual apoio terão para isso, para serem mais assertivos na condução de sua equipe. Aqui se substitui o formato de liderança guiada pela rigidez das normas, de controle intenso e diretiva pela liderança positiva, com forças de caráter e virtudes. A partir disso, haverá um melhor entendimento sobre as mudanças que virão e que devem ser feitas, de forma que todos sejam envolvidos, evitando, assim, o antagonismo, a rejeição, a indiferença e apatia pelo novo e, consequentemente, o absenteísmo, a rotatividade e conflitos desnecessários.

2. Criatividade e inovação

A inovação anda lado a lado com a criatividade. Se estamos inovando, supostamente estamos sendo criativos. A inovação tem como premissa básica a crença de que algo deve evoluir, ela é crescente e nos dá a oportunidade de aplicar a novidade naquilo que pretendemos realizar ou fazer algo de uma forma que não era feito antes.

Além disso, quando inovamos, tendemos a julgar que isso será benéfico, pois, a partir disso, pode-se alterar significantemente produtos, serviços, ações e valores de uma organização, que dependem diretamente do envolvimento da liderança e de sua equipe, mas, acima de tudo, do reconhecimento e apoio da alta administração. Inovar é um processo coletivo e complexo, pois depende de habilidades gerenciais, da capacidade humana e colaboração de todos os envolvidos, que muitas vezes fica subutilizada dentro das empresas.

O gestor que entende o seu papel como líder que inova faz o planejamento para aplicar cada mudança. Isso envolve implementar novas ideias e um preparo inicial, tanto técnico quanto comportamental, a começar pela elaboração de um projeto consistente, formas de despertar a criatividade e motivar as pessoas, além da capacidade para enfrentar e controlar um processo ainda desconhecido e que pode gerar conflitos.

Inovar é um esforço adicional para se envolver em tarefas novas. Inovar exige iniciativa para buscar o novo, persistência para manter o entusiasmo em meio às incertezas e habilidades para enfrentar riscos, resistências e conflitos.

3. Planejamento da mudança

O planejamento é a base de qualquer mudança, seja ela pessoal ou dentro de uma organização, e, sobretudo, quando essa mudança impacta em vários setores internos e externos e pode ter uma repercussão geral, como é o caso do processo eletrônico.

Ao ter a congruência junto à organização, é necessário que o líder que está à frente da mudança use toda a sua criatividade e inovação e crie a expectativa para que essa mudança seja feita de forma gradual (por partes), contínua e progressiva, evoluindo constantemente, segundo a sua programação preestabelecida. Além disso, é preciso conhecer os efeitos e impactos gradualmente também, para evitar danos ao conjunto de ações. Isso significa dizer que, além de todas as atividades que serão realizadas, devem ser previstos os fatores limitantes que poderão surgir no meio do caminho.

O planejamento é o guia para que as pessoas tenham claras suas atividades e metas. Quando elas estão envolvidas desde o começo em um processo de mudança, o comprometimento delas aumenta significativamente.

Os gestores devem estimular, orientar e acompanhar a participação dos seus funcionários em todo o processo, bem como mantê-los bem informados para que possam desempenhar melhor suas tarefas cotidianas, além de novas tarefas que possam surgir no meio do processo de transição dessa mudança. Tudo isso, aliado a uma boa comunicação, ajuda cada integrante do time a ter mais tranquilidade no trabalho que está sendo realizado. É a troca do peso da mudança por sua leveza.

4. Compreender o papel do indivíduo na mudança

Compreender que cada pessoa tem um papel fundamental dentro da organização é indispensável para o sucesso de qualquer mudança e isso deve ser analisado desde a sua concepção (estrutura, ambiente, recursos, interações e influências sociais e setoriais etc.), ou seja, deve fazer parte do seu planejamento. A soma dos seus conhecimentos e saberes é que fará a "engrenagem" girar. É isso que faz, de fato, o capital humano ser valorizado.

Ao querer transformar uma organização, isso significa que as pessoas envolvidas nela precisarão pensar, agir e ter novos comportamentos, a partir de uma nova postura e atitudes. Ou seja, essas pessoas também serão transformadas como parte da mudança. Segundo Harman e Horman (1993), a mudança pessoal deve ser um pré-requisito para a mudança organizacional. Isso me leva a dizer que, sem a mudança de *mindset* do indivíduo no contexto em que ele está inserido, a mudança do seu ambiente de trabalho, bem como do coletivo, se torna deficiente e aí está o nosso desdobramento enquanto líderes, que é o de ser a mola "propulsora" dessa transformação em nossos liderados.

Os empregados de uma organização que não se veem inseridos em um processo de modificação desencadeiam em si mesmos frustrações profissionais, e isso reflete no todo, mediante crises pessoais. Ou seja, a partir de seus medos e angústias, podem se perguntar por vezes: "o que eu estou fazendo aqui?", "Aqui não é o meu lugar", "Vou para outro lugar onde eu não precise passar por isso". Talvez esses tipos de comportamento sejam mais comuns no serviço público, por causa da sua estabilidade, do que propriamente em empresas privadas, uma vez que os empregados não possuem a estabilidade da mesma forma.

Há de se evitar os conflitos internos que toda transformação acarreta e que é inerente ao ser humano. Enquanto líderes, devemos estar preparados para evitar traumas profundos, confusões mentais e disputas pessoais entre os funcionários durante a fase do processo de mudança.

O fracasso de uma mudança está na dificuldade de ordená-la em todos os pontos de uma organização, muitas vezes ocasionada pela incapacidade administrativa e forma de contornar os problemas que surgirão pelo caminho, em todos os patamares que o processo precisa ter. Falar de mudança pode ser algo familiarizado, porém é quando ela está ocorrendo que é preciso se comprometer com o imenso capital que geralmente é investido no processo, incluindo o capital humano, tão indispensável para uma mudança consistente.

5. Lidar com resistência à mudança

À medida que evoluímos na gestão do conhecimento, mais necessária é a capacidade que o líder deve ter para lidar com as resistências às mudanças. Talvez, antes, essa não fosse a grande necessidade de uma gestão, pois a produtividade, mesmo em baixa, já era suficiente para garantir a sobrevivência do funcionário no seu cargo ou da empresa no mercado e mudar já não era um fator determinante para melhorar seus resultados, pois não havia uma necessidade "gritante" para isso. E a mudança, por mais simples que fosse requerida, podia ser vista como uma forma de insubordinação, se não fosse advinda da alta direção.

Porém, sem mudança não há progresso e lidar com a resistência a essas mudanças passou a ser tratado de forma diferente. O que antes era atribuído, primeiro ao indivíduo (características pessoais, comodismo, apego às condições existentes) e segundo pela função dos interesses organizacionais (como a resistência ao contexto e interesses organizacionais), hoje já é visto como uma forma natural e positiva, pois faz parte da maneira como lidamos com o desconhecido. Por isso, o líder deve estar preparado para tratar as resistências, assim como elas chegam. Isso equivale a dizer que, se a mudança é necessária para a organização e a resistência vem acompanhada, muitas vezes, de paradigmas, que se transformam em interferências, isso é possível ser tratado de forma individual e em grupo, de modo a eliminar os impedimentos.

Existem quatro passos importantes para eliminar a resistência às mudanças, e são eles:

1º Passo – Avaliação da causa raiz: avaliar de onde está partindo a causa da resistência da mudança. Muitas vezes, ela pode estar atrelada à falta de informação, insegurança, medo ou algum problema maior do indivíduo ou da organização, ou até mesmo do indivíduo dentro da organização no que se refere a sua prática rotineira de como suas atividades são realizadas. Um indivíduo que, por exemplo, não tem o costume de ter os seus resultados controlados ou medidos, quando se depara com um novo processo, onde tudo que ele faz será monitorado, pode, de alguma forma, ser levado a algum tipo de constrangimento desnecessário ou achar que está sendo controlado, vigiado. Ele acaba trazendo para o seu lado pessoal e esquece que, dentro da organização, os seus resultados não são somente os seus resultados, mas o da organização. Por isso, muitas vezes, problematiza sua experiência e conhecimento, levando a resistência às mudanças que estão sendo implementadas.

2º Passo – Ampliação de perspectiva: o líder deve ampliar a perspectiva como profissional, fazendo uso, muitas vezes, de múltiplos assuntos e novos conhecimentos, para saber como conduzir a mudança em um contexto complexo. Buscar ajuda do seu superior, se capacitar, ser um bom entendedor de gestão de pessoas e de valores humanos e usar as suas habilidades para lidar com as diferenças de opiniões, sem impor, mas com a disposição para ensinar e influenciar positivamente.

3º Passo – Preparação para a mudança: o líder deve entender que cada processo de mudança é único e tem sua própria complexidade e é necessário um preparo individual, ou seja, de si mesmo e de cada pessoa envolvida na mudança, para fazer a sua condução de forma mais assertiva.

4º Passo – Saber lidar com objeções e conflitos: dúvidas irão surgir em um processo de mudança e muitas vezes virão carregadas de objeções. Uma objeção pode vir em forma de contestação, oposição, réplica e obstáculo, ou seja, um posicionamento contrário ao que está sendo pedido. Ela, muitas vezes, tem como principais causas o medo e a insegurança: o medo do desconhecido, o medo de repassar conhecimento e não ser mais necessário, o medo da desconstrução de suas crenças, a insegurança da estabilidade, a insegurança com o novo. No caso, a melhor forma é entender o que está por trás dessa objeção e, junto com uma comunicação assertiva, eliminar objeções e conflitos, quer sejam individuais ou em grupo.

6. Medir os resultados da mudança

Acompanhar o planejamento e as metas estabelecidas e verificar o que precisa ser melhorado, o que foi alcançado, o que pode evoluir e o que pode ser eliminado. Estes são pontos fundamentais da gestão dos resultados, afinal, a quem não sabe para onde ir, qualquer caminho serve, como disse o gato a Alice no País das Maravilhas.

O líder deve ser um gestor de resultados e servir à vida e às pessoas para que elas próprias os alcancem. Afinal, não gerimos pessoas, lideramos pessoas e despertamos nelas o desejo de fazer. Nesse sentido, é importante que o líder tenha capacidade de criar metas claras e bem definidas em seu planejamento e, posteriormente, avaliar cada uma dessas metas de forma realista e reordenar a rota, sempre que for necessário.

7. Divulgar os resultados da mudança

De posse dos resultados, é importante que sejam divulgados. A divulgação ao(s) funcionário(s) é tão importante quanto a divulgação à alta direção – ela reflete a congruência e equidade das realizações em que todos fazem parte. Além disso, a divulgação do resultado é o melhor *feedback* do sucesso de um processo de mudança. Aqui entra o modelo de gestão na era do conhecimento, que é a feita por líderes que compartilham, e sai a gestão da era industrial, em que apenas o chefe aparece, pois ele tem em si a justiça e a fraternidade como arquétipos maiores a serem buscados em sua vida e mensura diariamente se suas forças pessoais e de caráter estão equilibradas.

Divulgar resultados é como alimentar a motivação de cada membro envolvido no processo de mudança. Digo até que a divulgação é imprescindível para saber onde se esteve e para onde se está indo, o que foi feito e o que precisa ser melhorado individualmente e de forma coletiva, além de mostrar para a organização o que está sendo realizado. Envolver as áreas da organização que podem ajudá-lo nisso se torna uma ótima estratégia de valor na divulgação de resultados.

8. Celebrar a mudança

O líder positivo celebra a mudança e usa as melhores formas para tornar esse momento memorável para todos. É como um atleta que comemora a vitória no fim de uma competição e que se prepara mais motivado para superar os próprios limites e alcançar o próximo nível, uma nova medalha.

A celebração é uma ótima forma de integração da equipe e a realização do trabalho feito, além de ser um combustível de motivação incrível para todos os envolvidos.

Nesse momento, o líder positivo proporciona um maior poder da presença e da identidade de si mesmo e do outro e exala uma energia diferente, pois sente que está cumprindo o chamado de sua essência e tem clareza da mensagem que veio entregar ao mundo, por meio do encontro com o outro e suas interseções com a mudança do outro no processo de mudança maior.

> *"É fundamental diminuir a distância...*
> *É fundamental diminuir a distância*
> *entre o que se diz e o que se faz, de tal*
> *forma que, em um dado momento,*
> *a tua fala seja a tua prática."*
>
> *(Paulo Freire)*

O líder da era do conhecimento tem as habilidades para identificar os perfis comportamentais de sua equipe e atuar positivamente sobre eles, e isso, por si só, já é um grande passo para uma gestão de alta *performance*. Podemos dizer que temos habilidade quando já estamos tão treinados que não precisamos de tempo para realizar uma tarefa e fazê-la já se torna automático. E é nesse momento que percebemos que a nova cultura já estará consolidada e a prática já pode ser vista, ao invés de, simplesmente, falada.

Caminhe mais um pouco e perceba como a liderança positiva contribui com um capital humano otimizado.

Capítulo VI

Capital humano otimizado

Capítulo VI

CAPITAL HUMANO OTIMIZADO
Como aproveitar o melhor de cada um dentro de uma equipe.

"Portanto, um diretor de sucesso recorre às habilidades de cada um de seus membros do grupo e as inclui para o objetivo comum."

(Bert Hellinger)

Neste capítulo, quero compartilhar com você o quanto olhar para cada pessoa da sua equipe é importante, pois nenhuma delas é igual à outra. No caso de comportamento humano, podemos nos enganar à primeira vista. Então, o exemplo que posso dar é para não criarmos expectativas e observar as pessoas como elas vêm se apresentando. Suas falas, seus gestos, atitudes, comportamentos é um grande passo para isso, contudo, somente por meio do diálogo podemos dar voz a cada membro da equipe e, assim, percebermos o talento que cada um tem por meio de suas sugestões e atitudes, bem como de suas limitações.

Ouvir na essência sem julgamento é um dos maiores poderes de um líder, pois, nesse sentido, passa-se a ter consciência do potencial e confiar nos recursos internos que cada um tem. Ninguém é igual a ninguém, cada um tem sua história de vida, suas experiências, suas crenças e valores, sua filosofia de vida. Tudo isso, em conjunto, molda o nosso caráter e nossos comportamentos.

Para uma gestão, em que não há como fazer testes de perfis comportamentais, o importante é saber reconhecer que uma equipe de alta *performance* não se faz apenas com perfis iguais, as pessoas são heterogêneas, portanto, é bom que tenhamos vários perfis numa equipe. Nada há de mais desigual do que tratar de maneira igual pessoas tão diferentes, cada um tem sua própria lente e enxerga o mundo de acordo com a lente que tem.

Na observação de vida, percebi que o ponto de incongruência das pessoas que se encontram em posições diretivas de liderança é manter o velho hábito de agir e continuar a trabalhar como técnicos/executores e, por isso mesmo, não delegam, tampouco compartilham a gestão com quem tem semelhante potencial ou até mais do que elas, impedindo que possam despender suas energias para exercer efetivamente os seus novos papéis.

Dentro da minha vivência, isso ocorre porque há um ponto da curva de ascensão muito importante a ser observado. E essa curva se desenvolve mediante a observância de alguns fatores, tais como:

- A pessoa foi colocada de surpresa em uma determinada função de gestão ou liderança, sem ter perfil para tanto, e não recebeu o treinamento ou apoio durante os primeiros meses para trilhar esse caminho de aprendizado e desenvolvimento de suas potencialidades, gerando, com o passar do tempo, resultados emocionais negativos na equipe;
- O efeito surpresa pode ser positivo quando é trazida para a gestão ou liderança a pessoa com o perfil adequado para tanto e conta com o apoio para desenvolver os pontos que precisa;
- Por não saber ou não acreditar que é possível o desenvolvimento de outros perfis comportamentais, não se prepara previamente, ou então a própria organização não treina os possíveis candidatos para determinadas funções diretivas ou de supervisão antecipadamente, e especialmente

por não ter construído um *mindset* de crescimento, a tendência é voltar à zona de conforto. Voltamos ao citado exemplo de retrocesso ao apego ao velho modelo técnico/executor.

- Ou porque acha que tem habilidade e cria essa imagem, mas na verdade não tem e deixa de correr atrás dos aprendizados necessários até para novas oportunidades, se acomoda, o que acaba por gerar resultados negativos não só para si como para toda a equipe que sente isso e se cala porque geralmente nada pode fazer ou se torna disfuncional;

- Ou, ainda, porque tem medo, insegurança, vergonha, rigidez etc., ou seja, por não reconhecer suas vulnerabilidades, gerencia de modo disforme, gerando também impactos negativos na equipe.

Trata-se de mudança de hábito. Tudo o que fazemos na vida com frequência, continuidade e todos os dias gera hábitos. Há inclusive uma teoria de que demoramos 21 dias para modificar um pensamento, um hábito, o que requer comprometimento máximo consigo.

A coragem que se deve ter para assumir ou não um cargo de gestão ou liderança está em sermos honestos conosco e reconhecermos nossas capacidades para executar esse papel, mas só podemos ser honestos conosco quando nos autoconhecemos.

É logico que algumas funções exigem que se exerçam as duas atribuições, de executor de tarefas e gestor (gerenciamento de pessoas, equipes e processos), como é o caso de supervisores, mas quando se está mais na posição de liderança tática e diretiva, isso deve ser o contrário, pois esse olhar do líder deve se ampliar. A execução técnica passa para segundo plano, porque ele já tem esse conhecimento, inclusive para ensinar os demais. Além disso, esse líder não precisa saber tudo, uma vez que se algum conhecimento faltar, saberá correr atrás para aprender com facilidade e, nesse sentido, o seu papel principal é o de organizar com maestria para gerir um bem maior e com humanidade para saber delegar e estimular o melhor de cada um dos integrantes da equipe, dando-lhes a oportunidade de crescimento, gerenciando especialmente a troca de conhecimentos, tendo uma visão sistêmica e abrangente do todo, saber desenvolver um bom planejamento estratégico com análise das variáveis, coordenação e flexibilidade para mudar etc.

É claro que, muitas vezes, isso envolve inúmeras habilidades de várias áreas, especialmente porque por trás de todo o processo de gestão estão as pessoas, as equipes, e o sucesso vem dessa habilidade do compartilhamento em equipe, onde todos adquirem o sentido do trabalho que realizam, a paixão pelo que fazem e a empatia. E até as pessoas, que parecem ser difíceis, não são tão difíceis como se mostram. Tudo é uma questão de olhá-las além das próprias lentes.

Para o líder positivo não há pessoas difíceis, há pessoas com mapas diferentes, e as pessoas mais difíceis de liderar são aquelas que olhamos na frente do espelho, nós. Quando aprender a liderar essa pessoa que se vê no espelho, poderá responder a pergunta "qual é a melhor pessoa?" – "Todas". Sim, todas as pessoas têm o melhor guardado dentro de si e cabe ao líder utilizar bem esses recursos. Nesse ponto, o líder se torna um líder educador, capaz de transformar uma cultura organizacional tradicionalista e conservadora em uma cultura movida à prática de troca de conhecimentos e com gestão humanizada, com maior interação social, quebra de resistências e paradigmas e aberta à cooperação e ao diálogo.

Na era do conhecimento, mais que líderes, devemos ser líderes educadores.

No ambiente educativo, o nosso desafio enquanto líderes é mostrar às pessoas que, independentemente do papel que executamos, em qualquer lugar que estejamos, ora somos aprendizes, ora somos mestres, e que esses papéis se intercalam numa espiral de evolução nos mais diversos setores da roda da vida, para que aprendamos a servir à vida, a fim de que sejamos bons servidores no trabalho, nos lares e na sociedade. O movimento da vida é de mudança para o crescimento e evolução não só intelectual, mas moral e espiritual também.

Nesse aspecto, acredito que a disciplina de filosofia de Identificação e Caracterização do Ambiente Educativo veio corroborar meu entendimento de que o ambiente de trabalho pode se transformar em um ambiente educativo, de forma integrativa, operando no compromisso com a consciência, defesa e ampliação da cidadania, cumprindo, inclusive, o maior papel da filosofia, de gerador de mudanças e socialização quando a instalamos nesses ambientes.

Outro grande desafio em si é que intelectualmente já estamos muito bem desenvolvidos, precisamos agora desenvolver um outro lado para que as famílias, a sociedade e o mundo ganhem com a mudança de consciência que operamos em nós mesmos. É o nosso legado, enquanto líderes, que fará a diferença em nossos papéis para os que estão a nossa volta, enquanto equipe, família e sociedade.

Vejamos que tudo o que narrei ao longo das minhas experiências de vida e das mudanças positivas geradas nos servidores é fruto do meu ideal de compromisso consciencial. Cada um de nós tem um recado a entregar ao mundo que, se não for cumprido, fatalmente sentirá o reflexo mais tarde, quando avaliar a vida que viveu e o que deixou para as gerações vindouras. Como você quer ser lembrado como pessoa? E como líder? Qual será o seu legado?

Devemos cuidar para que as nossas ações sejam a confirmação da nossa fala e, nesse sentido, vejo que é possível cuidar da nossa comunicação e da congruência de nossas atitudes, eis o que nos trará significado à nossa existência e aumentará a segurança e a confiança de todos, e isso inclui não apenas a nossa equipe, como também aqueles que hierarquicamente estão acima de nós. Responder com atenção, ter bom senso, buscar soluções quando não se sabe as respostas na hora, tudo isso promove o desenvolvimento e a participação de todos os envolvidos.

No *coaching*, uma das premissas básicas é o não julgamento, afinal, como poderemos ajudar alguém julgando suas atitudes como insensatas ou incorretas? E o líder que pensa positivamente, além da Psicologia Positiva, tem como filosofia de vida o *coaching*, que são alicerces fundados a fim de produzir um ambiente seguro, de confiança, conexão, *rapport* e empatia. E aí reside a chave do sucesso de todo líder que é capaz de otimizar o capital humano de forma sublime.

E nesse ambiente seguro, o líder dá voz aos seus liderados para que falem, emitam opiniões e sugestões e para que se sintam pertencentes e integrados à equipe com senso de bem comum, de estarem praticando um bem para o ambiente, para a organização, para a sociedade e para si mesmo.

Confesso para vocês que esse foi o comportamento que tive já no primeiro dia de contato com a minha equipe recente. Pude rapidamente conhecer o pensamento de todos, suas dificuldades, talentos, habilidades, e obtive toda a visão da secretaria como um todo. E isso me fez crescer, acima de tudo, como ser humano.

Ter essa flexibilidade para ouvir, tolerância e paciência e perceber as pessoas nem sempre é tarefa fácil, mas quando utilizamos recursos apropriados e nossas capacidades humanas, como todos os que eu mencionei ao longo deste livro, somos capazes de acessar melhor o outro, assim como ele é, ao invés de simplesmente como ele está.

Além disso, para desenvolver uma equipe com capital humano otimizado e com capital emocional positivo, enquanto líderes, temos que ter a consciência do nosso papel e o equilíbrio sobre as nossas emoções e forças internas. E isso equivale a dizer que:

- **Somos reflexo do outro:**

    Tudo o que fazemos refletirá na nossa postura enquanto líder educador e formador de opiniões. Nesse sentido, enquanto líderes e gestores devemos evitar "rodinhas de fofocas", conversas paralelas que minguam nossa energia, imagem e comportamento diante dos outros e geram péssimos exemplos aos nossos liderados.

- **Sejamos humildes:**

A humildade é que nos capacita estar sempre abertos a novos aprendizados. Não existe nada pior do que a soberba, a arrogância, o achar que sabe tudo ou que é melhor do que os outros, por causa do cargo, da posição ou do status. Afinal, ser humilde não é deixar de ser respeitado enquanto líder, ao contrário, é passar a ser mais admirado e, por isso, atrair mais líderes, mais seguidores e mais respeito.

- **Entreguemos sempre a mais:**

Quando temos o trabalho como legado, missão e propósito a entrega a mais se dá pela alta *performance*. Nos doamos mais em tudo que fazemos e vamos melhorando isso à medida em que os resultados estão sendo percebidos como positivos também. Por estarmos motivados e em estado de *flow* em nossas ações, o movimento em relação ao outro e a tudo que fazemos flui naturalmente e, quando percebemos, ou nem percebemos muitas vezes, fizemos mais do que uma simples obrigação do dia a dia ou da remuneração que ganhamos. O líder positivo é um gerador de resultados de alta *performance*, simplesmente porque ama o que faz e entendeu sua missão dentro desse papel.

- **Tem prazer em servir:**

O líder positivo pratica a arte de servir à vida. Ele não teme ensinar o que já aprendeu, pois busca um mundo melhor para se viver a partir de si mesmo na troca humilde de conhecimentos. Quando se troca aquilo que se sabe a serviço do outro, se aprende em dobro.

E, por último, o líder positivo tem a capacidade de inspirar os outros a sonharem o seu sonho de forma natural, sem imposições e autoritarismo. Ele simplesmente se coloca a serviço para que toda a sua equipe coopere em prol do objetivo comum e de todos.

Muitas empresas utilizam o termo "extrair" o melhor das pessoas, outras já dizem precisamos "reter" talentos. Na minha concepção, esses termos simplesmente "matariam" o melhor que cada um tem, por isso, eu prefiro utilizar o termo "aproveitar" o melhor que cada um tem. Ao fazermos o bom uso daquilo que as pessoas têm de melhor, estaremos honrando e respeitando a sua história, a sua experiência e os seus talentos. E, para mim, isso é desenvolver o potencial máximo que cada um tem.

Para refletir, eu gostaria que você, como líder, respondesse para si mesmo algumas perguntas:

Maria Helena de Melo

1. Quem são as pessoas que trabalham com você? De onde elas vêm? O que elas fazem quando não estão trabalhando? O que elas mais gostam de fazer?

_____
_____
_____
_____

2. Qual a ordem de tempo delas no serviço público? Quantos anos trabalham na unidade e no mesmo setor?

_____
_____
_____
_____

3. Você conhece a história delas? Você sabe quem são as famílias dessas pessoas?

_____
_____
_____
_____

4. O que elas fazem de melhor? Quais são seus talentos? Suas vocações?

_____
_____
_____
_____

5. Quais são os sonhos delas? Quais são os objetivos dessas pessoas?

_____
_____
_____
_____

6. Por que elas trabalham com você? Elas gostam do trabalho que realizam? Como é o desempenho delas?

_____
_____
_____
_____

7. O que essas pessoas sabem sobre você? O que elas dizem a seu respeito?

_____

_____

_____

_____

Envolva-se com as pessoas. Olhe nos olhos quando conversar com elas. Sinta o que elas dizem por trás de suas palavras, encontre o melhor dentro de cada um. Se permita a otimizar o capital humano que faz parte da sua jornada. Você verá o quanto o seu trabalho, o ambiente em que está envolvido com elas e os resultados do trabalho em equipe está melhor.

Siga em direção a resultados extraordinários!

Capítulo VII

Planejamento

Capítulo VII

PLANEJAMENTO
Aplicação de boas
práticas de gestão.

Planejamento é essencial para tudo o que queremos realizar, quer seja em nossa vida pessoal, quanto para nos programar na realização do nosso trabalho e, por isso, é muito importante que utilizemos boas práticas, de acordo com o tipo de objetivo a ser alcançado e os desafios cotidianos que todo líder enfrenta para a melhor entrega de seus resultados. Sem planejamento é impossível medir o quão bem ou ruim estamos indo e mudar a rota, a estratégia, quando isso for necessário.

Para nos ajudar nesse processo, o *Leader Coach* é uma ótima metodologia que permite, enquanto líderes, avaliar o nosso estado atual a qualquer momento dentro do nosso ambiente de trabalho e planejar o futuro que queremos alcançar, por meio de metas e ações consistentes.

Quando assumimos um novo projeto como gestores, o primeiro passo é agir com empatia em relação ao ambiente em que estamos chegando, ou seja, analisá-lo bem, conhecer o seu estado atual e olhar para as pessoas que estão trabalhando nesse mesmo lugar. O que elas fazem, quais contribuições deram e estão dando, como é a rotina desse ambiente, como o trabalho está sendo realizado e quem é responsável por ele, são algumas boas práticas possíveis de serem feitas e é sobre isso que falarei com você neste capítulo, dividindo essas boas práticas nos períodos distintos a seguir.

Período de análise

Já que estamos falando em liderança positiva integrativa com tantas áreas das ciências, precisamos saber onde estamos e onde queremos chegar para decidir acerca das estratégias de gestão adequadas em prol de uma jornada de crescimento para si e para todos os envolvidos, e aí reside a grande diferença.

É nessa fase de análise, tão importante para levantamento de dados sobre a situação atual, que verificaremos qual o capital humano que temos, quais foram as estratégias utilizadas anteriormente, as lideranças existentes, os talentos e aptidões de cada um e quais são os conhecimentos e as ferramentas que estão ao alcance do gestor para que possa fazer o melhor caminho em prol de resultados positivos e congruentes com o todo.

Além disso, tudo o que puder ser obtido de informações, com suspensão dos juízos de valores, a respeito do processo e organização de trabalho, como eram distribuídos os serviços e responsabilidades, sobre a satisfação do cliente e dos colaboradores, quais os índices de absenteísmo e outros dados pertinentes, nos dá elementos para uma boa amostra inicial acerca das limitações e das práticas até então adotadas, tendo em vista que o que se busca é somar nesse processo, corrigir os pontos de insucesso e agir em direção à meta.

Observo ainda que é nessa fase que são percebidos os comportamentos, crenças e valores da equipe, o que requer muita responsabilidade e isso sempre me chamou a atenção e a admiração ao mesmo tempo nos grandes líderes positivos, qual seja a capacidade de autoconhecimento e da gestão das emoções para lidar com os desafios, pois só conhecemos melhor o outro quando nos conhecemos muito bem, ou seja, nossas vulnerabilidades e forças de caráter.

Assim, é natural que se leve algum tempo para se observar a atuação dos colaboradores e o relacionamento deles e suas respectivas equipes. É triste ver quando o líder não se dá esse tempo, "de primeira" troca tudo e não observa a dinâmica do sistema ou não percebe os talentos ocultos no time, não dando a chance de que tragam à tona o potencial daqueles que esperam que algo mude e lhes dê a chance de fazer algo diferente, muitos dos quais ficam tão escondidos que o decurso do tempo acaba por lhes trazer desmotivação, a tal ponto de só seguirem ordens e não buscarem mais se atualizar naquilo que fazem.

Logicamente que não podemos ajudar quem não quer ou não está disponível quando a oportunidade chega.

Nesse sentido, na minha experiência vejo que a média de três a quatro meses é um bom termo para que esse primeiro levantamento de dados e observações ocorra. Quanto mais habilidade desenvolvemos, mais podemos reduzir substancialmente esse tempo de resposta na identificação dos perfis dos integrantes da equipe e passamos a estabelecer conexão de trabalho e preparamos os envolvidos no processo de mudança.

Período preparatório do processo de mudança

Temos aqui a fase do processo de mudança a partir das premissas anteriormente levantadas, o que de início requer uma visão antecipatória das possíveis resistências para saber como lidar de forma proativa e inclusiva.

Como vimos desde o início do livro, esse é um dos grandes desafios dos líderes e gestores.

Explicar os motivos da mudança e os riscos em permanecer por muito tempo no estágio anterior, elencando os benefícios positivos, é fator de grande importância ao equilíbrio emocional da equipe, seja na forma de realizar as tarefas, no diagnóstico da necessidade de uma readequação das funções entre os colaboradores, na troca de conhecimentos para aumentar o nível de capacitação, gerar novas habilidades ou na modificação de hábitos que não fazem mais sentido, são alguns exemplos de como podemos nos engajar nesse processo de forma a validar um caminho que terá ainda outras fases a serem superadas.

Uma boa prática nesse sentido e que vem mostrando resultados bem satisfatórios é a gestão com base numa visão sistêmica de gestão do conhecimento, com valorização da parte humana e foco no resultado positivo. O objetivo é investir no potencial do colaborador, sem deixar de estimular e exigir o melhor de cada um.

Período de aceitação

Quando criamos consciência de que o que sempre fizemos nos leva sempre aos mesmos resultados, deixamos de brigar com a situação e decidimos aceitar novos caminhos que antes não havíamos percorrido. Nada como fazer esses caminhos acompanhado quando possível.

Assim, é positivo reafirmar quantas vezes forem necessárias os benefícios das mudanças que estão sendo realizadas para os colaboradores, até que internalizem a motivação para a mudança.

Os *feedbacks* assertivos e positivos são de fundamental importância nessa fase, a fim de trabalhar comportamentos para avançar a um novo nível de compreensão, acerca de ideias ou convicções que não são mais apropriadas à identidade da instituição como um todo.

Período do comprometimento

Trata-se de uma fase de incentivo, de caminhar junto e estimular um ambiente em que todos tenham liberdade para se expressar e expor suas contribuições. É algo bastante positivo que permite organizar um plano de ação com metas ambiciosas e divisão dos trabalhos, por meio de organogramas de tarefas mensais observando-se os períodos de férias, equipes multitarefas para colaboração em muitas frentes de trabalho, mas com atribuições claras para cada colaborador e especialmente estabelecer a divisão mais justa dos trabalhos operacionais de grande montante.

Vejo que o resultado positivo disso é a implantação de um novo hábito a partir da vivência dos colaboradores em todas as pontas de trabalho, para que todos olhem para o todo e percebam o impacto do seu trabalho no trabalho do colega e no resultado final.

Uma boa prática para isso é estruturar um organograma que tem a finalidade de tangibilizar o planejamento das tarefas e gerar o comprometimento de todos, de forma clara e visível. Nesse sentido, fazer a apresentação antes de findar o mês gera sensação de continuidade do fluxo e dá segurança à equipe, que sabe o que está por vir. É aconselhável anexar o organograma em um espaço comum a todos para irem acompanhando e dando baixa nas tarefas concluídas, pois isso, além de gerar a participação de todos, torna-se lúdico.

Não trabalho com rigidez de metas, pois busco fortalecer o espírito da flexibilidade, podendo dessa forma facilitar, introduzir ou alterar a sequência das tarefas caso surja algo urgente ou precise mudar o curso das ações para alcançar resultados melhores, antes de alcançar o objetivo desejado.

Nessa etapa de realização das tarefas, todas as ideias inovadoras são bem-vindas, todas as perguntas são relevantes, não há perguntas bobas a serem sanadas e isso gera crescimento em todos os níveis, especialmente na troca sadia e respeitosa de conhecimentos.

Ao adotar o cronograma que direcionasse os seus trabalhos, notei claramente como aumentou a *performance* dos colaboradores, seja ele feito individualmente ou em equipe, e todos os envolvidos estão se surpreendendo, pois a entrega muitas vezes é mais rápida do que o planejado.

Maria Helena de Melo

Ao adotar essas boas práticas de planejamento, execução e ações frente aos objetivos desejados de forma clara e direcionada, abrimos espaço para que a colaboração de todos alcance uma maior assertividade no desenvolvimento das tarefas do dia a dia, que muitas vezes deixaríamos passar despercebidas, caso não houvesse a participação de todos. É claro que nós líderes devemos estar abertos a sugestões, ouvir atentamente e decidir se cada sugestão agrega valor e vai ao encontro do propósito a ser alcançado. Como líderes, temos autonomia para decidir o que é bom e o que agrega, portanto o que faz a diferença em um bom planejamento é escutar ativamente o que todos dizem, selecionar o que é útil, deixar claro de forma empática aquilo que talvez não seja o foco da ação e estimular a colaboração de todos de forma engajada e responsável, desenvolvendo intrinsecamente um comportamento de liderança em cada membro da equipe – e isso significa influenciar que todos "vistam a camisa" e tenham a clareza da importância de seus papéis no processo de mudança.

Capítulo VIII

Benefícios da liderança positiva

Capítulo VIII

BENEFÍCIOS DA LIDERANÇA POSITIVA
Resultados positivos.

O sucesso está em tangibilizarmos conhecimentos em ferramentas para obtermos resultados positivos.

(Maria Helena de Melo)

O engajamento é um dos melhores benefícios que a liderança positiva pode ter dentro de um processo de mudança e de melhoria contínua em um ambiente e isso, por si só, é capaz de trazer resultados surpreendentes que o modelo tradicional de liderança não traz, principalmente no serviço público.

Maria Helena de Melo

Engajar uma equipe de servidores sem bônus de premiação é um dos mais difíceis desafios dentro do serviço público, tendo em vista que geralmente não há função gratificada para todos os servidores lotados na unidade, as quais são distribuídas a critério de cada gestor. O efeito rodízio de funções gratificadas acaba por gerar insatisfações da mesma forma, se for visto somente pelo lado do critério financeiro.

No caso, a boa prática de gestão, que tem se mostrado eficiente no tocante a equipes altamente motivadas, é a previsibilidade mediante o planejamento e o plano de ação de atividades do que vão fazer durante cada semana do mês, isso traz organização mental inclusive para tecerem suas próprias estratégias de tempo de conclusão das tarefas. Verifico, com isso, a diminuição da ansiedade e o aumento da produtividade.

Outros pontos importantes são a preparação prévia do servidor, a qual se dá mediante o compartilhamento de informações entre o líder e os liderados a respeito do trabalho a ser executado, e o conhecimento do plano a ser seguido, que funciona como uma sequência ordenada de ações a serem executadas individual ou coletivamente.

Tais fatores permitem, ao líder/gestor, o alcance de metas audaciosas e criativas e, aos colaboradores, surpreenderem a cada dia entregando muito mais e antes do tempo estimado o que fora designado, fruto do contínuo desenvolvimento, capacitação, trabalho em equipe, resultando em aumento da autoconfiança, bem-estar e leveza no ambiente de trabalho.

A consequência visível dos resultados positivos manifesta-se claramente no clima organizacional. Quando o líder tem colaboradores engajados, que aceitam os desafios e entendem que eles são parte do resultado de sucesso, começa a acontecer o que todo gestor sonha, que é a diminuição do absenteísmo, aproveitamento dos talentos, aumento da satisfação dos colaboradores, bem como dos estagiários, mediante a entrega de um estágio supervisionado, em que passarão a ter uma visão positiva do trabalho no serviço público.

Ao trabalharmos com a filosofia da liderança positiva, somos capazes de criar uma nova cultura alicerçada na mudança integral do sistema, por meio da diminuição do nosso ego para ter, em contrapartida, a participação de todos de forma consciente. Ao fazermos isso, estamos dizendo automaticamente para o universo que estamos prontos para receber os melhores benefícios em nossa vida, no nosso ambiente e na vida de quem nos ajuda. Um líder positivo pensa acima do seu tempo e tem consciência de que o resultado feito por todos pode ser maior do que se saísse puramente da "cabeça" ou das "mãos" dele e sabe que isso não o impede de dar a palavra final, pelo contrário, o ajuda e muito que essa "palavra final" seja aceita por todos os envolvidos nos objetivos a serem alcançados.

Maria Helena de Melo

Por isso, a minha sugestão para você que é um líder ou está se preparando para ser: pense nos resultados positivos que você quer alcançar de agora para frente e veja quem pode ajudá-lo nisso. Não existem pessoas que não conseguem, existem as que precisam ser estimuladas, desenvolvidas e que podem ser melhores do que são, assim como cada um de nós enquanto gestores.

Convido você a refletir sobre tudo o que leu até agora neste livro e responder para si mesmo às perguntas a seguir. Se preferir, pode deixar suas respostas registradas nas linhas de cada pergunta.

1. Ao ler todo este livro até agora, se pudesse autoavaliar a forma como você lidera, de 0 a 10, que nota se daria como líder positivo?

_____

_____

_____

_____

2. O que você pode fazer, a partir de agora, para ter resultados mais positivos em sua liderança?

_____

_____

Desperte o líder que há em você

_____

_____

3. O que você ainda não fez enquanto líder que, se fizesse, o ajudaria a ter resultados melhores daqui para a frente?

_____

_____

_____

_____

Siga em frente... Evolua continuamente! Alcance resultados melhores! Deixe seu legado!

Capítulo IX

Evolução contínua

Capítulo IX

EVOLUÇÃO CONTÍNUA
Deixando nosso legado como líder.

O homem que pretende ter êxito em sua vida se compromete com sua própria evolução e isso requer decisão, perseverança, criatividade, sensibilidade, força, coragem para observar as leis e a ética e principalmente fé. Precisamos estar melhor em todas as áreas, em todos os níveis, tomando como paradigma o passado para olhar para o que alcançamos e olhando para um modelo a ser alcançado e, da mesma forma, traçando um caminho para chegar aonde queremos.

Neste livro, a minha proposta foi trazer para você uma visão integradora sistêmica holística das coisas que podem ser vistas dentro dos processos biológico, físico, mental, intelectual, emocional e espiritual de forma única, lhe permitindo novas conexões de redes neurais, novas aprendizagens, criatividade, mudanças de comportamento, excelência na liderança pessoal e profissional, porque para ter liderança pessoal e profissional é preciso ter criatividade, e para ter criatividade é preciso fazer todo esse ciclo funcionar em si mesmo.

É possível que se adote um comportamento de aprendizagem e melhoria contínua a partir dos valores e da missão individual e organizacional que esse tipo de mudança causou.

O crescimento faz parte de uma jornada, sendo certo que precisamos cumprir as fases das etapas para que possamos caminhar em prol de uma vida significativa, de uma vida de propósito. Muitas vezes, a insatisfação com a situação atual pode ser saudável quando nos movimenta em busca do crescimento e nos faz dizer que podemos ser melhores a cada dia e especialmente nos tornar aquilo que somos na essência. Isso é tudo o que se busca em um excelente líder.

Esse é o ponto de validação do alcance das metas, de quais ações ainda precisam ser melhoradas e quais as medidas que ainda precisam ser adotadas para evoluir em nosso planejamento futuro e executar de forma completa e assertiva todo o processo de mudanças e melhoria contínua.

Ter um bom plano de ação que aponta o caminho que devemos percorrer deve se tornar um grande aliado de nossa vida – ele é como uma bússola que nos direciona para onde devemos ir ou voltar sempre que necessário. Como você mede o seu crescimento pessoal, profissional, dos objetivos que se propõe a alcançar? Você tem um plano de ação de crescimento profissional? Você tem uma estratégia para o avanço espiritual? Você tem um plano para a sua família? Você tem um plano de desenvolvimento pessoal, de gestão emocional?

Quando estamos à frente de uma organização, quer seja ela privada ou pública, ter um bom plano de ação é ter uma ferramenta poderosa em mãos que nos permite avançar ou recuar e mudar as estratégias sempre que necessário. Além disso, nos permite olhar para nossa equipe e verificar o que ainda precisa ser desenvolvido para alcançarmos resultados melhores em cada participante do processo de mudança. Um exemplo concreto disso é que tanto a alta gestão da minha unidade de trabalho como eu verificamos a necessidade de conjugar esforços para melhorar a capacitação intelectual e técnica de todos os servidores participantes das atividades que precisariam ser desenvolvidas ao alcance dos resultados que pretendíamos ter com vistas à implantação do processo eletrônico, algo muito rico e de crescimento para todos. A partir do momento em que se criam novas redes neurais, passamos a abrir novas possibilidades de inovação e melhoria contínua dentro e fora do nosso ambiente.

Conhecimento geral e prática precisam caminhar de mãos dadas e isso eu vejo como um dever dos homens de bem enquanto pessoas, líderes e gestores que querem formar um time forte, bem capacitado, apto para dar as respostas e buscar soluções viáveis, além de facilitar o fluxo dos trabalhos entre todos os níveis da hierarquia. Essa é uma forma de valorizar o capital humano e a alta *performance* da equipe, em prol do cliente e da instituição e do próprio servidor.

Ao valorizar o trabalho que se exerce em busca de algo maior, estamos valorizando a vida. Estamos valorizando aquilo que damos de melhor ao outro, para o nosso ambiente e a nossa sociedade e, consequentemente, deixando o nosso legado, que nos faz ser lembrados e reconhecidos onde estivermos.

Se você percorrer todos os caminhos que eu compartilhei com você neste livro de forma prática, se abrindo e se permitindo alcançar uma nova mentalidade de forma positiva, certamente estará a caminho de uma autoevolução de forma consciente, uma vez que aprendendo e praticando constantemente aquilo que sabemos, nos permitimos ir mais além, a ser uma nova versão de nós mesmos, independentemente do tempo, da idade e das pessoas que estão conosco durante a nossa jornada.

Quero deixar para você uma sugestão que o levará a refletir sobre o sentido dessa evolução contínua e daquilo que de fato vale a pena ser deixado em tudo o que realizar a partir de agora.

Convido você a assistir ao filme *O poder além da vida*, inspirado no livro *Way of the peaceful warrior*, de Dan Millman, e perceber as lições que pode tirar dele para a sua vida.

No filme, Sócrates, um homem idoso a quem o jovem atleta Daniel o apelidou assim, aparece como um *coach*. Sócrates faz várias perguntas reflexivas a Daniel, com o objetivo de levá-lo a perceber suas questões existenciais, ou seja, tal como no *coaching*, são perguntas poderosas para mudança de *mindset*, sobre as quais faço a seguinte adaptação:

1. Para você é possível passar a vida toda sem acordar?

_____
_____
_____
_____

2. Você formula boas perguntas aos seus colaboradores que os façam refletir?

_____
_____
_____
_____

3. Imagine o que você comeu ontem nas suas refeições? Você come devagar? Sente o sabor dos alimentos?

_____
_____
_____
_____

4. Você aprende com as experiências da vida? Qual foi a experiência mais recente que viveu?

_____
_____
_____
_____

5. Você procura parar para ouvir os outros e tentar procurar as respostas dentro de si mesmo?

_____
_____
_____
_____

6. Você quer ser alguém que sobe no palco da vida e apresenta uma coreografia bem ensaiada ou quer ser alguém que usa a mente e o corpo de uma maneira que ninguém sonharia para ser protagonista da sua própria história?

_____
_____
_____
_____

7. Você faz exercícios de meditação diários? Você sabia que é preciso aprender a desligar a "mente". "Esvaziar" a mente e aprender a viver o momento presente?

_____
_____
_____
_____

Maria Helena de Melo

    Muitas vezes, é preciso limpar a sujeira da nossa mente, assim como em uma parte do filme, quando Daniel pratica o exercício de limpar o banheiro, buscando com esse movimento levá-lo à conscientização da limpeza dos vícios, como orgulho, falar menos e saber ouvir mais, deixar de interromper e de achar que sabe tudo, enquanto tem muito que se autoconhecer e aprender sobre inteligência emocional para vencer seus grandes desafios. O enredo mostra a briga interior para o jovem soltar o ego, aquilo que está preso em si mesmo e que o impede de ir além. Ao fazer como esse jovem, também podemos libertar nossas amarras, deixando para trás, dia a dia, atitudes que nos impedem de evoluir. Ao focar de forma positiva no nosso presente e no nosso futuro, também estamos nos permitindo crescer.

    Diante de tudo o que viu no filme, quais conclusões tirou? O que mais faz sentido para você?

_____
_____
_____
_____
_____
_____
_____

Todo o poder que você precisa para ser um líder positivo está dentro de si. Permita-se ir além, vá ao encontro do seu melhor "eu" como líder, como pessoa, como profissional e dentro de seus papéis onde você estiver.

Gratidão por ter chegado até aqui. Gratidão por se entregar a esta leitura e evoluir. A felicidade está no caminho, na jornada, continue em frente. Deixe o seu legado!

REFERÊNCIAS

BARLACH, Lisete. *Liderança e inovação na administração pública*. Revista de Gestão & Políticas Públicas - USP, São Paulo, 2012. Disponível em: <http://www.revistas.usp.br/rgpp/article/view/97857>. Acesso em: 19 de jul. de 2018.

BHAGAVAD GITA. *A sublime canção da grande Índia*. Tradução e organização de Rafael Arrais. Formato EPub; Kindle.

CAMERON, Kim. *Positive leadership, strategies for extraordinary performance*. 2nd ed. San Francisco, Califórnia: 2012. Berret-Koehler Publishers.

CARVALHO, Fábio Câmara Araújo de. *Gestão do conhecimento*. In:____. Gestão do Capital Humano. São Paulo: Pearson Education do Brasil, 2012. cap. 7, p. 165-184.

CATANEO, Marcel Evangelista. *Identificação e caracterização do ambiente educativo*. Palhoça-SC:, 2014. Livro da disciplina de Identificação e caracterização do ambiente educativo da Unisul Virtual.

COSTA, Maria Helena de Melo. *Quando alguém se tornar aquilo que é*. In: José Roberto Marques. Viver Coaching. Goiânia: Editora IBC; 2017. cap. 13, p. 168-189.

DWECK, S. Carol. *Mindset, a nova psicologia do sucesso*. Publicado anteriormente como "Por que algumas pessoas fazem sucesso e outras não". 7. reimpressão, São Paulo: Objetiva, 2017.

GALVÃO, Lúcia Helena. *Em busca da sabedoria - Série Sri Ram 01*. "Série de comentários tecidos pela professora Lúcia Helena Galvão sobre cada capítulo do livro "Em busca da sabedoria", de N. Sri Ram, na Nova Acrópole em Brasília, Brasil. Disponível em: <https://www.youtube.com/watch?v=Ewj0YQpsiuE&list=PLhS5OrpTv6-YFXSi_-FcC9dWeeMcbbZJj>. Acesso em: 18 de mai. de 2018.

GUZMÁN, Délia Steinberg. *Como desenvolver o caráter*. Brasília: Nova Acrópole, 2013. Formato EPub; Kindle.

HUNTER, James C. *Como se tornar um líder servidor, os princípios da liderança de o monge e o executivo*. Rio de Janeiro: Sextante, 2004.

HUNTER, James C. *O monge e o executivo, uma história sobre a essência da liderança*. Rio de Janeiro: Sextante, 2006.

JUSTIÇA FEDERAL. *Projeto "Rede PJe": a discussão avança*. Disponível em: <http://www.jfsp.jus.br/comunicacao-publica/indice-noticias/noticias-2018/18062018-projeto-rede-pje-a-discussao-avanca/>. Acesso em: 20 de jun. de 2018.

KAMEI, Helder. *Flow e psicologia positiva, estado de fluxo, motivação e alto desempenho*. 2. ed., Goiânia: Editora IBC, 2016.

KENDRICK, Alex. *Desafiando gigantes*. Filme dirigido e estrelado por Alex Kendrick e produzido pela Sherwood Pictures.

LAPOLLI, Juliana; BENCCIVENI FRANZONI, Ana Maria; PINA E CUNHA, Miguel. *A autoliderança como visão sistêmica do sujeito nas organizações*, 11º Convibra-Administração. Santa Catarina: 2014. Disponível em: <http://www.convibra.com.br/dp/default.asp?pid=9321>. Acesso em: 23 de mai. de 2018.

MARQUES, José Roberto. *Leader coaching. Coaching como filosofia de liderança*. 3. ed., Goiânia: Editora IBC, 2016.

_____. *Psicologia positiva no mundo corporativo, apostila da formação de psicologia positiva, a nova ciência da felicidade,* IBC – Instituto Brasileiro de Coaching. São Paulo, 2017. Versão 03, pp. 203-209.

_____. *Psicologia positiva no trabalho, apostila de psicologia da formação de psicologia positiva, a nova ciência da felicidade,* IBC – Instituto Brasileiro de Coaching. São Paulo, 2017. Versão 03, pp. 185-198.

_____. *As 24 forças de caráter, apostila da formação de psicologia positiva, a nova ciência da felicidade,* IBC – Instituto Brasileiro de Coaching. São Paulo, 2017. Versão 03, pp. 201-265.

_____.CSI – *Constelações sistêmicas organizacionais, apostila da formação de constelações sistêmicas integrativas, posicionamentos dentro dos sistemas – Uma nova visão sistêmica englobando constelações, psicodrama e hipnose ericksoniana*, IBC – Instituto Brasileiro de Coaching, Goiânia, 2018. Versão 01, pp. 178-180.

MAXWEL, John C. *O líder 360º*. Tradução de Valéria Lamim Delgado Fernandes. Rio de Janeiro-RJ: Vida Melhor Editora, 2012.

OGDEN, Greg; MEYER, Daniel. *Elementos essenciais da liderança, visão, influência, caráter.* Tradução de Maria Emília de Oliveira. 1ª reimpressão, São Paulo: Vida, 2011.

SALVA, Victor. *Poder além da vida*. Filme inspirado no livro *Way of the peaceful warrior,* de Dan Millman.

SELIGMAN, P. Martin. *Florescer: uma nova e visionária interpretação da felicidade e do bem-estar.* Tradução de Cristina Paixão Lopes. Rio de Janeiro-RJ: Editora Objetiva, 2012. Formato EPub; Kindle.

_____. *Felicidade autêntica: usando a nova psicologia positiva para a realização permanente.* Tradução de Neuza Capelo. Rio de Janeiro-RJ: Editora Objetiva, 2010. Formato EPub; Kindle.

ROSINI, Alessandro Marco, Palmisano, Angelo. *Administração de sistemas de informação e a gestão do conhecimento.* 2. ed. São Paulo: Cengage Learning, 2012.

STJ. *4º Fórum IBGP de Governança de TI. Setor público deve acompanhar evolução tecnológica, diz presidente do STJ no Fórum IBGP de Governança de TI*. Disponível em: <http://www.stj.jus.br/sites/STJ/default/pt_BR/Comunica%C3%A7%C3%A3o/noticias/Not%C3%ADcias/Setor-p%C3%BAblico-deve-acompanhar-evolu%C3%A7%C3%A3o-tecnol%C3%B3gica,-diz-presidente-do-STJ-no-F%C3%B3rum-IBGP-de-Governan%C3%A7a-de-TI>. Acesso em: 20 de jun. de 2018.

MARIA
HELENA DE MELO

SOBRE A AUTORA

Servidora pública federal, analista judiciária da Justiça Federal de São Paulo, com Licenciatura Plena em Pedagogia. Pós-Graduação em Língua Portuguesa, Bacharela em Direito, Pós-Graduada em Filosofia Clínica e Psicologia Positiva, graduanda de Filosofia. *Master coach* com formações em Linguagem Ericksoniana, *Professional and Self Coach, Business and Executive Coaching*, Constelação Sistêmica Integrativa, *Coaching de Grupos e Equipes, Leader Coaching Training* – LCT; *Practitioner* em Programação Neurolinguística – PNL, com certificações internacionais pelo Instituto Brasileiro de Coaching – IBC. Coautora dos livros *Viver coaching, Coaching com alma* e *Minha história com coaching – Cases de transformação pessoal*, todos publicados pelo Instituto Brasileiro de Coaching em 2017/2018. Conta ainda com artigo publicado na Revista de Filosofia Clínica pelo IMFIC em 2017.